극강의 공부 PT

25년 차 강남 입시 지도
강사가 알려주는
상위 1%의 비밀

진순희 지음

극강의
공부
PT

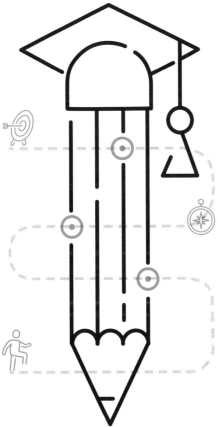

청림Life

스스로 공부하는
아이들의 비밀

코로나19의 세계적 유행 이후 아이들의 학습 상황이 많이 바뀌었다. 아니, 삶의 판도가 완전히 달라졌다고 해도 과언이 아니다. 학교에 가는 날보다 가지 못하는 날이 더 많고 원격수업인 온라인 클래스로 집에서 수업을 듣는다. 그러다 보니 가정에서 관리가 되는 아이와 되지 않는 아이들의 학력 격차가 점점 더 벌어지고 있다. 물론 이런 상황에서도 자기주도학습 능력이 뛰어난 학생은 성적 변화가 거의 없다. 어려서부터 스스로 자기 관리를 해왔다면 큰 문제가 없지만 그렇지 못한 대부분의 아이들은 어려움을 겪는다.

공부를 할 때 아이의 내적 동기와 최적의 학습법 그리고 꾸준한 노력이 모두 충족돼야 좋은 결과를 얻을 수 있다는 것은 누구나 아는 사실이다. 타인이 좌지우지하는 것이 아니라 자신이 주도적으로 목표를 이끌 때 멀리 갈 수 있고 지치지 않을 수 있다. 하지만 한국 학생들의 경우 학습 능력은 뛰어나지만 학업 흥미도는 현저히 떨어진다는 것이 국제사회에 널리 알려져 있을 정도다.

그래서 이 책의 목표는 아이들이 코로나19 이전의 공부 방법을 리부트하고 자기주도학습법을 체득하게 하는 것으로 정했다. 요즘 아이들은 핸드폰 사용 시간, 학원 가는 시간 등의 생활 계획을 부모가 매니저처럼 관리해줘야 하는 경우가 많다. 하지만 자기주도학습을 하기 위해서는 먼저 스스로를 통제하고 조절할 수 있는 자기주도력이 필요하다. 물론 처음부터 아이 스스로 공부하는 경우는 드물다. 자전거를 배울 때 처음에는 네발자전거를 탄 아이를 부모가 뒤에서 붙잡아주다가 거기에 익숙해지면 세발자전거로 갈아탄다. 그리고 세발자전거에 익숙해질 때쯤 두발자전거에 도전할 수 있게 된다. 그렇게 차근차근 훈련해나가면서 누구의 도움도 받지 않고 두발자전거를 탈 수 있는 아이가 된다. 이 책에서도 아이가 혼자서 공부를 잘해낼 수 있도록 생활 습관을 기르는 법부터 학습 기본기를 다지는 법 그리고 내신 상위권으로 도약하는 법을 총 3단계에 걸쳐 배워본다. 스스로 두발자전거를 탈 수 있는 아이가 되게 하는 것이 이 책의 목적인 셈이다.

먼저 STEP 1 '공부근육 UP: 스스로 공부하는 습관 만들기'에는 아이 스스로 학습목표를 설정하고 이를 달성하기 위한 시간 계획을 세우는 법을 담았다. "우리 아이는 왜 공부를 해야 하는지 모르겠다고 해요", "시험이 코앞인데 얼마나 공부를 해야 하는지 스스로 공부 계획을 세우지 못해요" 같은 고민이 있는 부모라면 그 해결책을 찾을 수 있을 것이다.

이어 STEP 2 '기본기 UP: 전 과목에 써먹는 학습 기초 다지기'에 서는 학습의 기초인 문해력을 높이는 법, 메타인지 능력을 강화하는 법 등을 다뤘다. 학습의 기본 중 기본은 읽기와 자신의 지식을 파악하는 능력이다. 이 2가지만 잘돼도 평균 이상의 점수를 얻을 수 있다. 어릴 때 기초 학습의 기반을 탄탄히 다져두면 어른이 돼서도 자기계발이 필요한 순간 요긴하게 활용할 수 있다. 이와 함께 자기주도 학습법의 효과를 높이는 메타인지 향상법도 살펴본다.

마지막으로 STEP 3 '성적 UP: 최상위권으로 도약하는 핵심 전략'에서는 인터넷강의를 자기주도학습법으로 활용하는 기술을 비롯해 교과서의 핵심을 파악해 아이들의 성적을 빠르게 향상시키는 실용적인 학습법을 소개한다. 이 방법들은 모두 내가 오랫동안 교육 현장에서 실제로 활용해온 노하우다. 예를 들어 교과서의 핵심을 파악하는 법으로는 단원 소개, 학습목표 등을 먼저 살핀 후 본문을 읽는다든가 차례를 보고 마인드맵을 그리며 전체 내용을 파악하는 법 등을 실었다. 이 방법으로 공부하면 아이가 시험 문제를 풀 때 이 문제가 교과서의 어느 부분에 해당하는지 빠르게 떠올리고 연결 지을수 있다. 이는 아이의 내신 점수 향상에 도움이 된다.

특히 코로나19 이전과 같은 수업이 어려운 현재 상황에서는 스스로 공부하는 법을 모르면 온라인 클래스에 대처할 수 없다. 공부를 잘하기 위해서는 이른바 '공부머리'도 중요하지만 무엇보다 계획을 세워 시간을 관리하고 학습하는 실천이 따라야 한다. 인터넷강의는 학습에 활용할 수 있는 중요한 도구 중 하나다. 교과서를 읽고도 이해가 되지 않는 내용이 있을 때는 자습서가 돼주고 심화 학습, 선행 학습 수단이 되기도 한다. 따라서 자기주도학습법의 일환으로 인터넷강의를 100% 활용하는 법을 알아두면 매우 유용하다.

2016년 개최된 다보스포럼에서는 제4차 산업혁명으로 인해 20년 이내에 50% 이상의 일자리가 소멸될 것이라는 보고가 있었다. 〈직업의 미래 The Future of Jobs 〉라는 이 보고서는 미래의 인재가 갖춰야 할 핵심 역량으로 '복합 문제 해결 역량', '비판적 사고', '창의성', '타인과의 협업 역량', '인지적 유연성' 등을 제시했다. 지금 아이들이 받고 있는 교육이 이 같은 핵심 역량을 기르는 데 도움이 되는지 묻게 된다. 학교는 아이들에게 무엇을 목표로 어떻게 공부해야 하는지 제대로 가르쳐주지 못하고 있다. 중요한 것은 빠르게 변화하는 상황을 파악하고 거기에 맞춰 적응하는 능력이다. 이는 곧 문제해결 능력과 직결되기 때문이다. 아이들이 성인이 돼 사회에 나갔을 때, 더는 부모의 도움을 받을 수 없는 환경과 맞닥뜨렸을 때 오롯이 자신에게 주어진 과제를 수행해낼 수 있는 능력을 키워줘야 한다.

이 책을 통해 아이들이 자기주도학습을 효과적으로 습득하고 앞으로의 학습뿐 아니라 더 나아가 성인이 돼서도 스스로의 길을 개척해나갈 수 있는 자질을 갖추기를 기대한다. 단지 명문대 입학이 최종 목적이 아니라 자기주도학습력을 토대로 '배움에는 끝이 없다'는 마음가짐을 갖고 평생학습자가 됐으면 한다. 또 학부모가 성적으로 고통받지 않는 행복한 아이를 양육하는 데 이 책이 도움이 된다면 더 바랄 것이 없다.

끝으로 좋은 출판사와 편집자를 만난 것은 저자로서 큰 행운이었다. 청림출판 대표님과 청림Life 편집자님에게 무한한 감사를 드린다. 이 책을 완성할 수 있도록 도움을 준 제자들에게도 한없는 사랑과 고마움을 전한다. 또한 가족의 든든한 지원이 있었기에 여기까지 올 수 있었다. 책 한 권이 나오는 데 얼마나 많은 사람의 정성이 더해져야 하는지 체감하는 시간이었다. 그렇게 정성으로 준비한 이 책이 독자에게도 의미 있는 한 권이 되기를 기대한다.

공부근육 UP: 스스로 공부하는 습관 만들기

STEP 1

STEP 2 기본기 UP: 전 과목에 써먹는 학습 기초 다지기

STEP 3 성적 UP: 최상위권으로 도약하는 핵심 전략

STEP
1

[공부근육 UP]
스스로 공부하는
습관 만들기

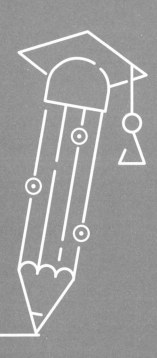

LEVEL
I

공부 의지를 심어주는
학습목표 세우기

아는 만큼 공부한다

'견물생심'이라는 말이 있다. 어떤 대상을 보면 그것을 갖고 싶은 마음이 생긴다는 뜻의 사자성어다. 실제로 장을 보러 마트에 갔다가 살 계획이 없었던 할인 제품이나 신상품을 보고 그냥 지나치지 못한 경험을 누구나 한 번쯤 해봤을 것이다. 죽기 전에 하고 싶은 일을 적는 버킷 리스트도 같은 이치다. 한 번도 듣거나 본 적 없는 일을 해보고 싶은 사람은 없다. 패러글라이딩을 하고 싶다면 패러글라이딩이 뭘 하는 건지 알고 있어야 하고 우유니 소금사막에 가고 싶다면 누군가 그 사막에서 찍은 사진이나 영상 등을 통해 사막의 모습을 접한 적이 있어야 한다. 다시 말해 본 것(아는 것)이 있어야 소망도 생기는 법이다.

요즘 아이들은 인터넷과 스마트폰이 보편화돼 새로운 정보를 쉽게 접할 수 있는 환경에서 살고 있지만 경험의 폭은 오히려 전보다 좁아진 듯하다. 부모의 교육열이 높아지면서 학교와 학원을 오가는 것이 전부인 아이들도 수두룩하다(이제는 코로나19로 학교나 학원에서 공부하고 친구를 만나는 일조차 여의치 않게 됐다). 그런데 정작 아이들에게 "너는 공부를 왜 하니?", "나중에 무슨 일을 하고 싶니?" 하고 물어보면 "엄마가 시켜서요"라거나 "몰라요, 하고 싶은 거 없는데요?"라고 답하는 경우가 많다. 공부를 하는 내적 동기와 공부를 통해 이루고 싶은 목표 모두 부족하거나 아예 없는 것이다. 왜 해야 하는지 모르니 공부가 싫고 재미없고 어렵게만 느껴지는 것도 당연하다. 무조건 아이를 학원에 보내고 책상 앞에 앉혀놓기 전에 먼저 아이가 스스로 공부할 수 있도록 의지를 심어줘야 한다. 그러려면 아이들이 공부를 통해 어떤 일들을 해낼 수 있는지 제대로 아는 것이 중요하다.

학습목표 벤치마킹하기: 내적 동기를 만드는 영상 활용법

학습목표가 구체적이지 않거나 목표를 세우지 못하는 아이들에게 활용하는 나만의 방법이 있다. 다른 학생들이 공부하는 영상을 보여주는 것이다. 특히 EBSi의 〈공부의 왕도〉를 많이 활용한다. 2009년부터 2013년까지 176회(스페셜 5부 제외)에 걸쳐 방영된 이 프로그램은 전국에서 최상위권 성적을 기록한 학생들의 공부법을 분석해 활용 방법을 제시하며 '나의 공부법'으로 정착하기까지의 과정을 보여 준다. 공부 습관을 들이는 법, 시간 계획표를 세우는 법부터 과목별 학습법까지 공부와 관련된 각종 노하우가 총망라돼 있다. 영상을 보는 동안 아이들은 자신의 현재 공부 상태를 인식하고 점검하는 시간을 가질 수 있다. 다른 사람들은 어떤 목표를 갖고 어떻게 공부하는지 다양한 사례를 접하다 보면 자신의 목표를 구체화하는 데 도움이 된다.

공부 의지를 심어주는 영상 목록

- 35회 공고생 서울대 가다! EBS인강 100% 활용법-허련

전주공고 93년 역사에서 50년 만에 서울대에 진학한 전설로 통하는 허련 학생은 인터넷강의로만 공부해 좋은 결과를 이뤄냈다. 자신에게 맞는 강의를 선별해 집중력 있게 들었고 여러 교재를 1권으로 모아 단권화 교재를 만들어 20번 이상 복습했다. 허련 학생은 전기공학자가 돼 인류 사회에 공헌하고 노벨상을 타고 싶다고 말한다.

- 77회 게임지존 입시 3관왕 되다-김동환

중학생 때는 게임 중독이라 할 만큼 게임에만 시간을 쏟았던 김동환 학생은 부모님의 한결같은 믿음으로 공부의 끈을 놓지 않을 수 있었다. '고등학교에 가서 저 집중력으로 공부하면 잘할 거야'라는 그 믿음대로 자기만의 공부법을 찾아 목표하던 대학에 합격

했다. 여러 개념서를 단권화하고 4가지 색 필기법으로 자신만의 노트를 만들었다. 검은색으로는 기본 개념, 파란색으로 중요한 내용, 빨간색으로 다른 참고서에서 차용한 팁, 초록색으로는 자신의 생각을 적었다. 그 결과 김동환 학생은 게임지존에서 입시왕으로 거듭날 수 있었다.

• 84회 꿈꾸는 소녀, 공부의 길을 찾다–박수빈
고등학교 국사 선생님인 아버지의 영향으로 어릴 때부터 국사에 관심이 많았던 박수빈 학생은 중국에 여행 갔을 때 자신의 역사에 자부심을 갖고 있는 중국인 선생님을 보고 국사학자라는 꿈을 갖게 됐다. 그런데 고등학교에 진학한 뒤 국사 공부에 슬럼프를 겪게 됐고 이를 극복하기 위해 자기만의 교과서를 만들기 시작했다. 시대순으로 교과서를 재편하고 국사 요약 노트도 만들었다. 다양한 역사책과 자료를 부교재로 활용해 인과관계를 살피며 흐름을 잡는 공부를 했다. 국사 요약 노트에는 검은색으로 기본적인 내용을, 빨간색으로 중요한 인물이나 내용을, 파란색으로 부교재에서 발췌한 내용을 적었고 네모로 사건이나 인물을 연결, 메모지에는 EBS 인터넷강의에서 발췌한 정보를 썼다. 박수빈 학생은 꿈을 꾸면서 하는 공부는 즐겁다고 말한다.

• 99회 섬 소년, 기적을 쓰다–백진성
백진성 학생은 흔히 학습 환경이 열악하다고 생각하는 섬에서 자랐지만 자신이 처해 있는 상황을 긍정적으로 생각하며 주어진 것들을 최대한 활용하기로 결심하고 공부에 매진했다. 섬을 고립된 곳이 아니라 고요해서 공부하기 좋은 환경으로 받아들였고 학교와 선생님을 믿고 적극적으로 도움을 청했다. 또 인터넷강의라는 공부 도우미도 활용했다. 백진성 학생의 목표는 국가 정책을 입안할 수 있는 교수가 되는 것이다.

• 100회 공부의 꿈, 장애를 이기다-김찬기

김찬기 학생은 지체장애 1급의 척수성 근위축증을 앓고 있다. 태어나서 한 번도 땅을 밟아보지 못했을 정도다. 하지만 장애에 좌절하지 않고 공부에 심혈을 기울였다. 학습보조기구를 이용해 집중 학습을 했고 문제풀이의 효율성을 높이기 위해 문제의 모든 풀이 방법을 모은 뒤 그중 최적의 방법을 선택해 풀었다. 움직일 수 있는 것은 오직 두 손뿐인 김찬기 학생의 꿈은 경제학을 복지와 연결해 모든 사람이 행복한 나라를 만드는 것이다.

• 150회 농촌소년, 희망을 쏘아올리다!-임영재

〈공부의 왕도〉에 나온 다른 선배들의 강의를 따라 했다. 인터넷강의를 듣고 선생님의 설명을 똑같이 칠판에 옮겨 적으며 설명하는 방식으로도 공부하고 기출문제로 유형별 오답 노트를 만드는 차현탁 학생(122회 방영분)의 방법도 벤치마킹했다. 틀린 문제는 10번 풀 수 있도록 동그라미를 10개 그려놓고 1번 풀 때마다 동그라미를 하나씩 지워나갔다. 희망의 메시지를 전달해주는 동기 부여전문가가 되고 싶다는 꿈을 갖고 있다.

84회 '꿈꾸는 소녀, 공부의 길을 찾다' 편에서 소개된 양평고등학교 문과 전교 1등 박수빈 학생은 목표가 있어야 길이 보인다고 말한다. 어린 시절 고등학교 국사 선생님인 아버지의 영향으로 가족과 함께 전국의 유적지를 답사하며 자연스럽게 역사에 애정을 갖게 된 박수빈 학생은 국사학자라는 꿈을 키웠다. 하지만 고등학교 2학년이 됐을 때 국사 공부에 슬럼프가 왔다. 정치, 경제, 사회, 문화 등 주제별로 구성된 국사 교과서가 자신과는 잘 맞지 않아서였다. 박수빈 학생은 아예 자신에게 맞는 교과서를 새로 만들기로 했다. 시대별로 교과서 내용을 재구성한 것이다. 이와 함께 평소 답사 보고서를 쓰던 습관에 따라 부교재나 각종 자료를 활용해 공부했다.

교과서를 재구성하려면 엄청난 시간과 노력이 필요하다. 그냥 주어진 책을 암기하는 것이 훨씬 빠른 길일 수도 있다. 하지만 '명문대 입학'이 아니라 '국사학자'라는 목표가 있었기 때문에 박수빈 학생은 국사를 단순한 암기 과목으로 대하지 않고 교과서를 새로 만드는 열정을 보이며 자기주도적 학습을 할 수 있었다. 즉, 내게 최적화된 공부법을 찾는 출발점은 공부를 하는 이유, 내적 동기에 있다는 것이다. 동기가 확실하면 학습목표를 세분화하기도 수월해진다.

여기서 주의할 점은 〈공부의 왕도〉를 그냥 보여주는 데서 끝내지 않고 아이에게 영상 시청 소감문을 쓰게 하는 것이다. 소감문을 쓰는 것이 여의치 않다면 구두로 질문하고 답을 들어봐도 괜찮다. 어떤 식으로든 영상을 보고 아이들이 무슨 생각을 했는지 확인하는 것이 핵심이다. 똑같은 영상을 보고도 저마다 느끼거나 깨달은 지점이 다르다. 전혀 효과가 없는 아이도 물론 있다. 하지만 몇몇 아이들은 영상을 보자마자 눈빛이 달라지기도 한다. 이런 아이들의 성적이 향상되는 것은 어쩌면 당연한 결과다.

진로 목표 찾기: 진로정보망 커리어넷 활용법

앞서 언급했듯 교육 현장에서 만나는 많은 아이들에게 목표라 할 만한 것이 없다. 건물주가 되고 싶다거나 걱정 없이 돈을 펑펑 쓰면서 살고 싶다는 욕망을 가진 아이들은 있다. 제대로 보거나 경험한 것이 적다 보니 꿈도 제대로 꾸지 못하고 어른들이 좇는 물질의 가치를 따라가는 듯하다. 2019년 한국직업사전 제5판을 기준으로 우리나라에는 총 1만 2,000개가 넘는 직업이 있지만 이를 제대로 아는 사람은 별로 없다.

중학교 2학년인 민수와 민혁이가 처음 내게 상담을 받으러 왔을 때 다른 아이들처럼 이 아이들도 목표가 없었다. 형제로 오해하는 사람도 있을 만큼 닮은 점이 많은 민수와 민혁이는 통통한 외모에 친구와 게임을 할 때 빼고는 매사에 느긋한 성격이었다. 마침 두 아이의 부모님이 학원에 찾아온 시기도 비슷했는데 상담을 해보니 고

민의 내용도 같았다. 아이가 게임 외에는 의욕을 보이는 대상이 전혀 없다는 것이었다.

이런 아이들에게 처음부터 무작정 "너는 꿈이 뭐니?" 하면서 인생 목표를 적으라고 하면 십중팔구 부담을 갖는다. 이럴 때 나는 아이들이 공감할 수 있는 영화를 보여준다. 민수와 민혁이에게 보여준 영화는 2016년 개봉한 일본 영화 〈불량소녀, 너를 응원해!〉였다. 친구들과 노는 것이 인생 최고의 즐거움인 불량소녀 '사야카'는 공부와는 담을 쌓은 문제아로 낙인찍혀 있다. 이런 그에게 입시 학원의 '츠보타' 선생님은 일본의 명문대인 게이오대학교 진학에 도전하라고 한다. 9등급 학생에게 1등급 중에서도 0.3%이내에 드는 학생만 갈 수 있다는 대학을 추천한 것이다. 영화니까 가능한 이야기라고 생각한다면 오산이다. 이 영화는 실화를 바탕으로 하고 있다. 물론 사야카는 게이오대 진학에 성공한다. 그 배경에는 츠보타 선생님의 헌신적인 지도와 딸을 전적으로 믿고 응원해주는 어머니의 지지가 있었다.

영화가 끝난 후 민수와 민혁이에게 "너희는 커서 되고 싶은 거 없어? 뭐가 되고 싶니?"라고 물었더니 기다렸다는 듯 동시에 "되고 싶은 거 없는데요"라고 답했다. 질문을 조금 바꿔 "그럼 어떤 일을 하면서 살고 싶니?"라고 물었더니 이번에는 "생각 안 해봤는데요"라는 답이 돌아왔다. 내 질문을 귀찮아하는 기색이 역력했다.

"자꾸 어른들이 꿈이 뭐냐, 목표가 뭐냐 묻는데 그딴 거 없어요. 생각도 안 해봤지만 생각하기도 싫어요."

아마 민수와 민혁이의 이 말이 대부분의 아이들이 갖는 솔직한 심정일 것이다. 나는 아무것도 하기 싫다는 아이들에게 그럼 그냥 내가 뭘 좋아하는지, 뭘 잘하는지만 알아보자고 했다. 좋아하는 일이 대학의 어떤 학과와 연결되는지 찾아보고 그 일을 직업으로 갖는 것도 좋을 거라고 설득했다.

'커리어넷'(www.career.go.kr)은 교육부의 지원을 받는 진로정보망으로 직업·학과·학교 정보 등과 직업적성검사·직업흥미검사 등 진로에 관한 다양한 심리검사를 무료로 제공한다. 초등학생, 중학생, 대학생/일반인, 교사 등 연령이나 대상에 맞는 자료를 검색할 수도 있다. 민수와 민혁이는 청소년용 직업적성검사를 받아보기로 했다. 이 검사 역시 무료로 검사를 진행하는 데 20~30분 정도의 시간이 걸린다.

검사 결과 민수는 기초체력을 바탕으로 효율적으로 몸을 움직이고 동작을 학습할 수 있는 능력인 '신체운동능력'과 손으로 정교한 작업을 할 수 있는 능력인 '손재능', 새롭고 독특한 방식으로 문제를 해결하고 아이디어를 내는 능력인 '창의력', 자신을 돌아보고 생각과 감정을 조절하며 주어진 여러 자원을 관리하는 능력인 '자기성찰능력' 등이 아주 높게 나왔다.

쉬는 시간이 생기면 기타를 치는 민혁이의 경우 '음악능력'이 다른 항목에 비해 매우 높은 수준을 보였다. 선, 색, 공간, 영상 등에 민감하게 반응하고 조화롭게 재구성할 수 있는 능력인 '예술시각능력'도 높았다. 머릿속으로 물체의 위치나 모습을 입체적으로 상상하고 떠올릴 수 있는 능력인 '공간지각력'도 의미 있는 결과를 나타냈다.

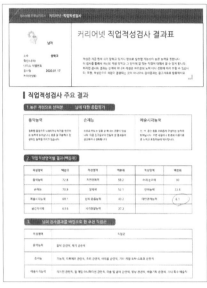

▲ 민혁

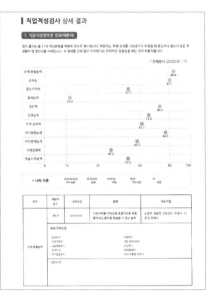

▲ 민수

우리는 직업적성검사 결과를 출력해 각 영역에 맞는 대표 직업들을 알아봤다. 아이들은 직업의 종류가 얼마나 많은지 알게 되자 놀라워했다. 평소 자신이 좋아하던 영역의 결과가 낮게 나온 경우에도 크게 걱정하지 않았다. 검사지에 해당 영역의 능력을 보완하고 강화할 수 있는 구체적인 방법이 상세하게 적혀 있어 아이들이 안심하는 눈치였다.

아무것도 하기 싫다던 아이들이 검사지를 꼼꼼히 살펴보기 시작했다. 평소 컴퓨터와 기계를 잘 다루는 민수가 말했다. "데이터 사이언티스트가 되려면 수학을 잘해야겠네요." 공간지각력이 높게 나온 민혁이는 무대감독이 되고 싶다고 했다. 적성을 토대로 자신의 진로 목표를 스스로 정한 것이다.

물론 검사 한 번 했다고 아이들이 갑자기 환골탈태하지는 않는다. 하지만 수업에 임하는 자세만큼은 확실히 전과 달리 진중해졌다. 민수와 민혁이의 경우 친구들에 비해 문제를 빨리 풀면 책상 위에 둔 스마트폰을 붙들거나 딴짓하기 일쑤였다. 그런데 목표가 생기고 나서는 문제를 다 풀고 나서도 문제집을 덮지 않고 다음에 배울 내용을 미리 읽어보고 있었다. 사설을 읽고 분석하는 수업에서도 점점 자기 생각을 또렷하게 밝히기 시작했다. 무엇보다 공부를 해야 하는 목표가 생기자 학원에 지각하는 법이 없었다.

쓰는 만큼 현실이 된다

이제는 너무 많이 들어본 이야기라 지겨울지도 모르지만 헬스장이나 영어학원처럼 어른들의 자기계발 명소는 연초에 가장 붐빈다고 한다. 새해를 맞아 살을 빼겠다거나 영어 실력을 키워보겠다는 목표를 세운 사람들이 몰려드는 것이다. 하지만 작심삼일이라는 말처럼 며칠이 지나고 나면 결심은 흐지부지되고 헬스장에 나가는 사람이나 영어 공부를 하는 사람보다 한꺼번에 끊어둔 이용권이나 수강권을 아까워하는 사람이 더 많아진다.

목표를 달성하기 위해서는 여러 가지 노력이 필요하다. 일정한 시간을 들여 그 일을 해야 하고 몸의 고됨에 익숙해져야 하며 내 부족함을 마주해도 부끄러워하지 않아야 한다. 대부분의 사람들이 다이

어트나 자기계발의 결심을 지키지 못하고 중도에 포기하는 이유는 운동이나 공부가 습관이 될 때까지 꾸준히 하지 못하거나 내 생각만큼 실력이 빠르게 늘지 않아 실망하거나 생각했던 것보다 더 형편없는 자신의 상태에 좌절하기 때문이다. 결과를 향해가는 과정을 견디지 못하는 것이다.

어른들도 이런데 아이들은 오죽할까. 이번 시험에서는 평균을 10점만 올리자고 목표를 세웠다가도 한 과목의 시험을 망쳐 목표를 달성하지 못할 것 같거나 공부할 시간은 부족한데 공부할 양이 너무 많으면 마음만 급해 허둥지둥하다가 금세 포기해버리고 만다. 그러니 목표를 세우는 것만큼이나 어려운 일이 목표를 유지하는 것이라 해도 과언이 아니다.

목표와 꿈 연결하기: 꿈을 실현하는 3P

중학교 2학년인 지원이는 성적이 최상위권에 속하지는 않았지만 늘 상위권 언저리를 유지했다. 결코 공부를 못하는 학생이 아닌데도 바로 위 언니가 공부를 월등히 잘해서인지 자신감이 부족해 보였다. 학원에 와서도 시든 식물처럼 앉아 있는 경우가 많았다. 정답을 알고 있으면서도 혹시 틀릴까 봐 자신 있게 대답하지 못했다.

그런 지원이에게 꿈이 뭐냐고 물었더니 없다고 했다. 다시 나중에 어른이 되면 무슨 일을 하고 싶으냐고 물었더니 꼭 하고 싶은 일도 없단다. 그래서 어린 시절에도 장래 희망 같은 것이 없었냐고 물으니 "있었죠…"라며 말끝을 흐렸다.

지원이의 어릴 적 꿈은 아빠처럼 한의사가 되는 것이었다. 아빠를 무척이나 좋아했던 지원이는 아빠와 같은 직업을 갖고 싶었다. 이메일 아이디를 'hanijiwon'이라고 정할 정도였다. 그런데 학년이 올라가면서 수학이 어려워지고 시험 점수도 생각보다 잘 나오지 않자 한의사가 될 수 없을 것 같다는 좌절감이 지원이의 마음을 파고들었다. 그러면서 꿈도 서서히 사그라졌다.

꿈을 실현하기 위해서는 3P가 필요하다. 3P란 Picture(그려보기)-Plan(계획하기)-Practice(실천하기)의 3단계로 먼저 미래의 자기 모습을 상상해 그려보고(Picture) 그 상상을 현실로 만들기 위한 단계별 계획을 세우고(Plan) 행동으로 계획을 실천하는(Practice) 것이다. 지원이 같은 아이들에게는 3P 중 Picture(그려보기) 단계가 도움이 된다. 다시 꿈을 불러일으키는 것이 우선이기 때문이다.

먼저 지원이에게 한의사가 되는 것을 목표로 10년 후, 30년 후의 모습을 머릿속에 그려보라고 했다. 10년이 지나 스물다섯 살이 된 지원이는 한의예과 2년, 한의학과 4년을 공부하고 졸업을 앞둔 해에 한의사 시험에 합격해 면허를 딴다. 경험을 쌓기 위해 아빠 친구분이 운영하는 한방병원에서 한의사로 첫발을 내딛는 지원이. 30년이 지나 마흔다섯 살이 된 지원이는 10년 전부터 그토록 바랐던 대로 아빠의 한의원에서 아빠와 함께 일하고 있다. 아빠는 연로하셔서 일주일에 이틀 정도만 한의원에 나오시고 대체로 지원이가 도맡아 운영

한다. 비만 클리닉 전문이었던 한방병원에서의 경험을 토대로 여성과 학생 대상의 비만 클리닉을 성황리에 이끌고 있다.

다음으로 지원이에게 이 과정을 직접 공책에 써보라고 했다. 꿈을 적어 내려가는 행위는 머릿속에만 있을 때보다 그 목표를 생생하게 만들어준다. 실제로 적는 것, 쓰는 것만 했을 뿐인데 삶이 달라졌다는 사람들이 많다. 지난 30여 년간 가장 널리 읽힌 연재만화 〈딜버트DILBERT〉의 작가 스콧 애덤스Scott Adamds도 그런 사람이다. 원래 한 공장의 말단 직원이었던 그는 사무실 책상에 앉아 끊임없이 이렇게 썼다고 한다.

나는 신문에 만화를 연재하는 유명한 만화가가 될 것이다.

현재 〈딜버트〉는 전 세계 2,000여 종의 신문에 연재되고 있다.

지원이에게도 한의사라는 꿈이 눈앞에 성큼 다가왔는지 비를 맞아 생기를 띤 파릇한 잎처럼 지원이의 표정이 밝아졌다. 지원이는 "선생님, 지금 시작해도 늦지 않았겠죠?" 하고 물었다. 나는 늦었다고 생각할 때가 가장 빠른 때라고 답하며 지원이의 어깨를 두드려줬다.

꿈에 대한 확신 심어주기: 비전 선언문 작성법

꿈을 더 구체화하고 싶다면 '비전 선언문'을 써보는 것도 도움이 된다. 영국 수상이었던 마거릿 대처Margaret Thatcher 는 꿈과 비전의 차이에 대해 "비전은 실현 가능한 결과를 수반하는 데 비해 꿈은 꿈으로 끝나버린다는 것이 다르다"고 설명하기도 했다.

그렇다면 비전은 어떻게 세워야 할까. 비전을 세울 때는 계획과 마찬가지로 언제까지 이루겠다는 기간, 즉 완료 시점을 정해둬야 한다. 또 자신이 바라는 미래상을 담되 그 모습에는 사회에 기여할 수 있는 부분도 있어야 한다. 비전의 크기는 크고 원대할수록, 구체적일수록 좋고 다른 사람이 5분만 설명을 듣고도 이해할 수 있을 만큼 분명해야 한다. 비전 '선언'문이기 때문에 글로 적은 것을 말로 선언해보는 과정도 중요하다.

비전 선언문을 써보는 것이 중요한 이유는 우리 뇌의 망상 활성화 시스템과 관련 있다. 『종이 위의 기적, 쓰면 이루어진다』에서 저자 헨리에트 앤 클라우저Henriette Anne Klauser 는 "목표를 적는 행위는 무척

과학적인 면을 지니고 있다"면서 "목표를 종이에 기록하는 것은 두 뇌의 일부분인 망상 활성화 시스템을 자극하고 뇌의 그 특별한 시스템이 당신을 도와 목표를 이루게" 한다고 말했다.

뿐만 아니라 비전을 기록하면 방향성을 갖고 노력하게 된다. 목표를 향해가는 과정에서 슬럼프가 오거나 길을 잃고 헤매더라도 비전 선언문이 나침반 같은 역할을 해줘서 결국에는 다시 방향을 찾고 나아갈 수 있다.

중학교 2학년인 범준이는 또래 아이들 대부분이 그렇듯 게임만 좋아했다. "공부 좀 해야지" 하면 "좀 이따 시간 나면 할 거예요" 하고 "시간이 언제 나는데? 게임하느라 시간이 늘 부족하잖아" 하면 "생각나면 할 거라니까요" 한다.

사실 범준이는 초등학생 때까지만 해도 공부를 곧잘 했다. 수학도 선행 학습을 많이 한 데다 학습력도 좋은 아이였다. 그런데 범준이가 심도 높은 공부를 해야 할 6학년이 됐을 때 사업이 바빠진 아빠의 지방 출장이 잦아졌다. 엄마도 디자인 관련 일을 하고 있어 퇴근이 늦을 때가 많았고 자연스레 범준이가 혼자 있는 시간도 늘어났다. 그때부터 범준이는 게임에 몰두하기 시작했고 지금은 '만렙'이 된 지 오래다. 그러다 보니 공부 시간은 당연히 아주 적고 학원도 들쭉날쭉 갔다. 지각을 하거나 아프다는 핑계를 대고 학원을 빼먹기도 했다. 이제는 그마저도 귀찮은지 내 학원에서 국어만 공부하고 있는 상태였다.

게임 외에 범준이에게 중요한 것이 있다면 그건 속된 말로 '간지'였다. 범준이의 어릴 적 꿈은 경찰이었다는데 그 이유도 간지가 나서라고 했다. 나쁜 놈 잡아가고 큰소리칠 수 있고 제복도 멋지다는 것이다. 그래서 "넌 키도 크고 덩치도 좋으니 경찰이 되기에 신체적 조건이 좋구나. 잘 어울리겠어" 했더니 이제는 꿈이 바뀌었단다.

"아뇨, 전 요식업계 대표가 될 건데요? 백종원 아저씨처럼 가난한 식당 도와주는 일을 할 거예요."

그래서 범준이에게 요식업계 대표를 비전으로 비전 선언문을 한번 작성해보라고 했다.

비전 선언문을 쓸 때는 3P와 마찬가지로 구체적으로 쓴다. 범준이에게도 어릴 적 꿈, 지금 나의 꿈, 10년 후·30년 후의 모습을 상상해서 쓰게 했다. 비전 선언문의 내용이나 형식은 아이 각각의 특성에 따라 자유롭게 작성해도 되는데 초등학생이든 중학생이든 일단 아이가 목표하는 대학과 학과를 적고 두 번째로 원하는 직업, 세 번째로는 그 직업에서 낼 수 있는 성과를 적게 한다. 네 번째는 그렇게 성공한 삶을 통해 사회에 어떤 기여를 할 것인지 쓴다. 은퇴 후의 삶을 짜보는 것도 중요하기 때문이다. 마지막으로 비전 선언문을 성공적으로 수행하기 위한 좌우명을 적는다. 이렇게 완성한 비전 선언문은 눈에 잘 보이도록 방 책상 앞이나 부엌의 냉장고 등 여기저기 붙여두거나 항상 지니고 다니면 좋다.

범준이는 요식업과 관련된 일을 하려면 어느 대학에 가야 할지 검색해보더니 고려대학교 경영학과에 가겠다고 했다. 연세대학교나 서울대학교는 안 되냐고 했더니 고대가 간지 난단다. 범준이에게 작성

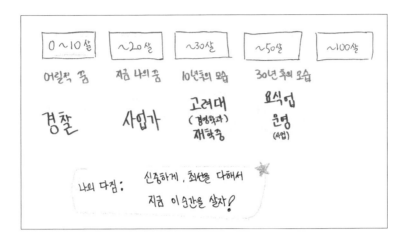

한 비전 선언문을 친구들 앞에서 낭독해보라고 했다.

제 꿈은 돈 많이 버는 사업가가 되는 거예요. 아빠가 부자인 애들은 건물주가 되겠지만 저는 아빠가 부자여도 그렇게 안 할 겁니다. 진짜 안 할 겁니다. 아빠 도움 받는 건 간지 나는 일은 아니잖아요. 자기가 벌어서 성공해야 진정한 성공이니까요.

10년 후 저는 고대 경영학과에 다니고 있을 거예요. 군대도 갔다 와야 하니까 스물다섯 살에 복학할 거고요. 신입생들이 잘생긴 오빠라고 저를 보며 수군대고 있을 겁니다. 아니면 카톡방 알림이 쉴 새 없이 울리겠죠. 아무튼 고대입니다. 제가 느끼기에 연대는 부드럽고 말랑해요. 남자라면 단연 고대죠. 서울대는 우리 집에서 다니기에 교통이 나빠서 안 다닐 거예요. 분명히 해두는데 못 가는 게 아니라 안 가는 거예요.

30년 후에는 아마 백종원 아저씨보다 더 유명한 최주부가 돼 있을 겁니다. 백주부 아저씨처럼 요식업계에 뛰어들어 사업을 아주 크게 하고 있을 거거든요. 백종원 아저씨를 제 싸부로 삼아서 그대로 따라 할 거예요. 그리고 저도 백종원 아저씨처럼 가난한 골목 식당들 살리는 데 힘을 쏟을 겁니다. 좀 더 시야를 넓혀서 베트남이나 말레이시아 같은 동남아시아에도 우리 음식을 알리고 그곳에 한국 식당도 크게 차리고요. 글로벌 외식 경영 CEO가 돼서 한식을 세계화하는 데 앞장설 거예요. 그래야 간지 나잖아요. 그렇게 성공하기 위해서는 마음을 잡아야 돼요. 제 좌우명이 "신중하게 최선을 다해서 지금 이 순간을 살자"인 이유입니다. 지금 최선을 다해 살면 성공은 당연하게 따라올 겁니다.

*

아이들의 학습 습관을 만드는 데 목표의 중요성은 아무리 강조해도 지나치지 않다. 어릴 때부터 아이를 데리고 전국 곳곳을 다니며 다양한 체험을 하게 해주고 견문을 넓혀줄 수 있다면 그것처럼 좋은 방법도 없다. 하지만 요즘처럼 부모가 맞벌이하는 가정이 많고 특히 코로나19로 외출이 여의치 않은 상황에서는 쉽게 택할 수 없는 길이다. 책이나 영상 등의 자료를 활용해 아이들이 최대한 많은 것을 접할 수 있게끔 해주고 커리어넷 같은 정보망을 통해 아이들의 적성을 알아보는 등 스스로 목표를 가질 수 있도록 길을 열어주는 것이 중요하다. 또 어렵게 품은 꿈이 쉽게 사라지지 않도록 비전 선언문을 작성해보게 하고 꾸준히 비전을 되새길 수 있도록 신경 써주자.

공부 비타민 ①
꿈을 현실로 만드는 기록법:
나의 비전 선언문 작성하기

앞에서 소개한 비전 선언문 작성법을 참고해 나만의 비전 선언문을 써보자.

○○(이)의 비전 선언문

어릴 적 꿈	

지금의 꿈	
10년 후 모습	
20년 후 모습	
30년 후 모습	
은퇴 후 모습	
좌우명	

LEVEL
2

최고의 성적을 내는
학습 계획 세우기

학습 계획은 공부의 전술

11세부터 16세 이전까지는 지능이 왕성하게 발달하는 시기다. 아이들 스스로 공부할 수 있는 힘을 기르고 올바른 공부 습관을 형성할 수 있는 적기이기도 하다. 습관은 정해진 시간에 정해진 일을 할 때 쉽게 만들어진다. 따라서 아이의 공부 습관을 들이는 데는 시간 관리가 필수 요소다.

현대 경영학을 창시한 학자로 평가받는 피터 드러커Peter Druker 는 "시간을 제대로 관리하지 못하는 사람은 다른 어떤 것도 관리할 수 없다"고 말했다. 『하버드 첫 강의 시간관리 수업』이란 책에는 하버드 대학교에서도 신입생들의 첫 강의에 시간 관리 수업을 배치해놓을 정도로 시간 관리에 중점을 둔다는 내용이 나온다. 다시 말해 모든 일의 시작이자 좋은 결과를 얻기 위해 반드시 꼭 맞게 끼워야 하는 첫 단추가 시간 관리, 즉 목표를 계획과 연결하는 일이다.

특히 균형감 있는 학습 계획을 세우는 것이 중요한 이유는 시간이 한정돼 있기 때문이다. 우리에게 주어지는 시간은 하루에 24시간뿐이다. 평균 점수를 10점 올리겠다는 목표를 달성하기 위해서는 막무가내로 전 과목을 열심히 공부하기보다 한 과목에 몇 시간을 공부하는 것이 가장 적절할지, 그 시간 분배를 잘해야 한다. 전쟁에서 이기는 데 전술이 중요한 것처럼 좋은 성적을 얻으려면 공부의 전술이라 할 학습 계획을 잘 세워야 한다.

내 아이에게 맞는 학습 계획 짜기

대부분의 부모는 내 아이가 그저 의자에 엉덩이를 붙이고 책상 앞에 오래 앉아 있을 때 안심을 한다. 아이가 공부를 오래 했다고 생각하기 때문에 설사 아이가 시험을 망치고 와도 노력한 것이 안타까워 싫은 소리 한번 못하고 속만 끓이기도 한다. 예상보다 성적이 덜 나왔다고 아이가 풀이 죽어 있기라도 하면 더더욱 야단치기가 힘들다.

물론 공부에 엉덩이를 붙여놓을 수 있는 지구력이 필요한 것은 사실이다. 그런데 이렇게 한번 생각해보자. 주변에 집안일은 번갯불에 콩 볶아 먹듯 후딱 해치우고 운동도 하고 친구도 만나고 자기 생활을 하는 엄마가 있으면 그 엄마 일 잘한다고 부러워하지 않는가. 그에 비해 공부하러 들어간 지 30분도 안 된 아이가 공부를 다 했다고 나오면 공부를 제대로 하고 다 했다고 하는지 의심부터 한다. 공부의 양보다 공부한 시간의 길이에 가치를 두는 경향 탓이다. 하지만 사실 공부도 다른 일처럼 노력한 만큼 결과가 나오는 게 맞다.

100명의 아이가 있으면 100명 모두가 다르다. 성격이나 외모도 다르지만 자신에게 맞는 공부법도 다르다. 다시 말해 학습 계획은 아이의 성향에 따라 달리 세워야 한다. 내 아이의 성격에 맞는 공부법을 적용했을 때 효과가 좋은 것은 당연지사다. 앞서 소개한 영화 〈불량소녀, 너를 응원해!〉에서 츠보타 선생님 역시 사야카의 성격에 딱 맞는 공부법으로 사야카를 지도해 게이오대 합격이라는 쾌거를 이룬다.

중국 병법서 『손자』에는 '지피지기백전불태知彼知己百戰不殆'라는 유명한 말이 나온다. 전쟁에서 상대를 알고 나를 알면 100번 싸워도 위태롭지 않다는 뜻이다. 그런데 공부에서는 상대를 아는 것보다 나를 아는 것이 더 중요하다. 다른 아이와 비교하기 전에 내 아이의 성향이나 공부 습관에 주의를 기울여야 하는 이유다. 내 아이가 조신하게 책상 앞에 오래 앉아 공부하는 유형인지, 아니면 돌아다니면서 머릿속으로 되새김질하는 유형인지 주의 깊게 살펴보자.

또 공부할 때 교과서를 눈으로만 읽는 아이가 있는가 하면 밑줄을 그으면서 읽는 아이도 있다. 포스트잇에 요약한 내용을 적어 교과서에 붙이는 아이도 있고 따로 노트를 만들어 내용을 정리하는 아이도 있다. 시중에 나와 있는 많은 공부법 책들이 '이런 방법이 좋다'고 말하고 있지만 가장 좋은 방법은 나에게 맞는 방법이다.

효율은 따지지 않더라도, 공부를 빨리 해치우는 아이도 있고 굼뜨게 공부하는 아이도 있다. 물론 아이가 치밀한 성격인 경우에는 필기든 암기든 꼼꼼하게 하느라 남들보다 느릴 수도 있다. 하지만 단순히 행동이 느려 학습력에 문제가 있다면 부모나 어른이 도움을 줘야 한다. 아이가 자기주도적으로 성장하기 위해서는 적절한 시기에 교사나 부모의 지도가 절대적으로 이뤄져야 한다.

〈불량소녀, 너를 응원해!〉의 그 츠보타 선생님이 쓴 책『세상에 하나뿐인 공부법』을 보면 '성격별 공부법'이 소개돼 있다. 저자는 총 9가지 유형으로 아이의 성격을 분류한다. 계획한 대로 하고 싶은 욕구가 무엇보다도 강한 '완벽주의자', 누군가를 기쁘게 하기 위해 공부하는 '헌신가', 경쟁심이 강하며 자신의 능력을 향상하는 데 힘을 쏟는 '성취자', 독창적인 센스나 가치관을 지니고 있다는 데 자부심을 느끼며 상식이나 사회의 규칙에 무관심한 '예술가', 호기심이 왕성하고 마음에 드는 것은 끝까지 연구하고 싶어 하는 '연구자', 신중하며 꾸준히 지식을 쌓아가는 일에 능통함은 물론 정해진 규칙대로 공부하는 '견실가', 자신만의 방식을 스스로 결정해서 공부하는 '통솔자', 분위기에 휩쓸려 내심 싫다고 생각해도 참아내는 '조정자' 유형 등이 그것이다.

이 중 '헌신가' 유형의 아이는 특히 부모에게 인정받기 위해 공부하는 경우가 많다고 한다. '예술가' 유형의 아이를 공부시키려면 공부하는 이유를 납득시키는 데 많은 시간을 들여야 한다. 엄마들이 가장 선호하는 유형은 아마 '견실가'형이리라 생각된다. 이 유형의 아이들은 실패를 두려워하고 실패에 대한 불안이 다른 아이들보다 크다. 그만큼 실패하지 않기 위해 열심히 노력하겠지만 성적이 떨어질까 불안한 마음에 스트레스가 심해지지 않도록 관리가 필요할 듯하다. 이 외에도 '낙천가' 유형은 새로운 것에 접근하는 데는 능숙하지만 싫증을 잘 내는 성격으로 도중에 집중력이 떨어지기 쉽다고 한다. 내 아이가 어느 유형에 속하는지 알아보고 참고하면 아이의 학습 계획을 세우는 데도 도움이 될 수 있다.

없느니만 못한 학습 계획표 유형

"어떤 일이든 주어진 시간이 소진될 때까지 늘어진다." 일명 '파킨슨의 법칙'이다. 이 법칙은 영국 역사학자이자 경영 연구자인 노스코트 파킨슨C. Northcote Parkinson이 제2차세계대전 당시 영국 해군 사무원으로 근무하면서 공무원의 수가 일의 분량과 관계없이 증가함을 통계학적으로 증명해내며 발견됐다.

파킨슨의 법칙은 우리 생활에서도 쉽게 확인할 수 있다. 한 예로 리포트 제출 기간이 2주로 넉넉히 주어져도 대부분의 학생들이 제출 3일 전쯤에야 리포트를 쓰기 시작해 제출 마감일에 간신히 제출한다. '발등에 불 떨어졌다'는 관용구처럼 시험 기간이 임박해서야 벼락치기에 매달리는 아이들도 많다.

결과적으로 파킨슨의 법칙은 개인이나 조직의 생산성을 높이기 위해서는 일정 정도의 제약이 주어지는 것이 바람직하다는 통찰을 준다. 어떤 업무에 최대의 시간과 자원을 할당하는 것보다 최적의 시간과 자원을 배분할 때 훨씬 효과적으로 수행된다는 것이다. 학습 계획표를 짤 때도 이를 유념해야 한다. 다시 말해 계획을 너무 여유롭게 짜면 안 된다. 2주 동안 해도 충분한 공부라도 기한을 1주로 줄이면 밀도 높게 공부할 수 있다.

다만 하루 공부량을 정할 때는 너무 욕심내지 않아야 한다. 자신이 지킬 수 있다고 생각하는 기준의 70~80% 정도를 목표로 잡는 것이 좋다. 습관을 제대로 형성하려면 작은 성취감을 반복해서 얻어야 한다. 너무 높은 목표를 잡았다가 막상 계획을 지키지 못하면 '나는 역시 안 돼' 하는 생각에 작심삼일로 끝나버리기 쉽다. '오늘도 목표한 만큼 공부했어. 내일도 잘할 수 있을 거야' 하는 성취감과 자신감을 얻을 수 있도록 공부량을 정한다.

공부의 난이도를 너무 낮거나 높게 설정하는 것도 바람직하지 않다. 너무 쉬우면 지루하고 너무 어려우면 집중도를 떨어뜨려 공부에 전념하지 못하게 한다. '몰입' 열풍의 주역인 심리학자 미하이 칙센트미하이 Mihaly Csikszentmihalyi 에 따르면 어떤 일에 열중해서 몰입 flow 의 상태로 들어가려면 지금 하는 일이 자신의 현재 단계보다 약간 높아야한다고 한다. 따라서 내 아이의 현재 수준이 어느 정도인지 정확히 파악할 필요가 있다.

마지막으로 계획표에는 하루 1시간 정도를 '쿠션타임'으로 비워둬야 한다. 일주일 중 토요일이나 일요일은 '쿠션데이'로 정한다. 계획표대로 실천하지 못한 일이 있을 경우 활용할 수 있는 시간이다. 만약 정해진 시간에 목표한 공부를 다 끝내지 못했다고 해서 바로 이어지는 다음 과목 공부 시간에 이전 과목을 이어서 공부하면 계획표는 무용지물이 된다. 이를 방지하기 위해서라도 쿠션타임은 반드시 필요하다.

공부 습관을 관리하는 학습 계획표

공부를 잘하기 위해서는 반드시 제대로 된 시간표가 필요하다는 사실을 알았다면 이제 아이가 직접 학습 계획표를 만들어볼 차례다. 앞에서도 강조했지만 학습 계획을 세우는 데 가장 중요한 것은 공부하는 학생 자신이다. 먼저 평소 나는 시간을 어떻게 활용하는지 일상적으로 반복되는 생활 습관을 시간에 따라 세세하게 적어본다. 이렇게 하면 실제로 공부에 쓸 수 있는 시간이 얼마나 되는지 파악할 수 있다. 이 작업이 끝나면 내 공부 능력과 속도에 맞게 시간을 분배할 수 있도록 연간·월간·주간·일간 계획의 순서로 학습 계획표를 짠다.

평소 시간 활용 기록하기

아이들에게 학습 계획표를 짜보라고 하면 대부분 평상시 자신의 생활이나 공부 습관과 전혀 상관없는 무모한 계획표를 짠다. 평소 하루 1시간도 공부하지 않던 아이들이 5시간을 공부하겠다고 쓰는 식이다. 앞에서 설명했듯이 이런 계획표는 없느니만 못하다.

아이들이 계획표를 짜는 데 시행착오를 겪는 이유는 일상적인 습관을 시간 단위로 생각해보거나 기록해본 적이 거의 없기 때문이다. 초등학생 때 방학 시간표를 그려보기는 하지만 진지한 고민 없이 대충 그려놓고 지키지 않는 경우가 대부분이다. 따라서 실천 가능한 학습 계획표를 짜기 이전에 아이들에게 고정적으로 반복되는 시간을 기록하게 함으로써 평소 시간을 어떻게 활용하는지 파악해보게 한다. 학교나 학원에 있는 시간, 밥 먹는 시간, 휴식 시간, 수면 시간 등을 세세히 적는다. 머리로만 생각하는 것보다 직접 써보면 낭비하는 시간이 얼마인지, 실제로 공부할 수 있는 시간이 얼마인지 분명하게 알 수 있다. 또 막상 공부할 수 있는 시간이 그리 많지 않다는 것도 깨닫게 되기 때문에 학습 밀도를 높일 수 있다.

이렇게 평소 시간 활용을 적어보게 하면 남학생 같은 경우 보통 게임에 할애하는 시간이 가장 많고 유튜브를 보는 시간도 적지 않다. 게임과 관련된 유튜브 영상을 꼭꼭 챙겨 보며 게임 실력을 키우는 데 시간을 쏟는다. 요즘은 여학생도 스마트폰으로 게임을 많이 하는 편이고 유튜브는 물론이거니와 웹툰, 웹소설까지 챙겨 본다. 아

1	수면 시간	_____시~_____시, _____시간
2	학교에 있는 시간	_____시~_____시, _____시간
3	학원에 있는 시간	_____시~_____시, _____시간
4	밥 먹는 시간	_____시~_____시, _____시간
5	휴식 시간	_____시~_____시, _____시간
6	킬링 타임(게임, 웹소설, 유튜브 등)	_____시~_____시, _____시간
7	공부하는 시간	_____시~_____시, _____시간

이들 입장에서는 학업 스트레스에서 벗어나기 위한 도피처이자 취미 생활일 수도 있으니 무작정 못하게 할 수는 없지만 정해진 하루 24시간 안에서 공부하는 시간을 늘리기 위해서는 이런 킬링 타임을 잘 관리해 줄여나가야 한다.

구체적인 계획표 짜기

하루 중 공부할 수 있는 시간이 얼마나 되는지 파악했다면 그 시간을 바탕으로 구체적인 학습 계획표를 짠다. 평소 공부를 잘하고 싶은 열망이 가득했던 채연이가 〈공부의 왕도〉를 보고 자기 상황에

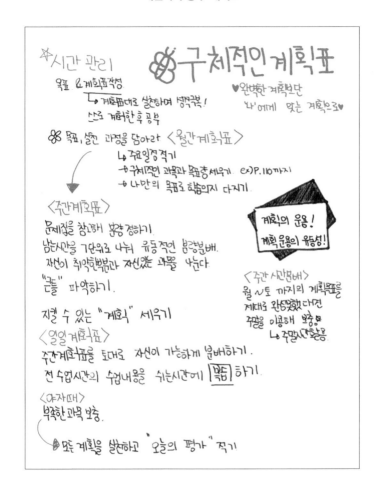

맞게 구체적인 계획표 양식을 정리했다. 처음 계획표를 짤 때는 부모님이나 선생님처럼 조언을 해줄 수 있는 사람과 함께하면 좋다.

그럼 이제 계획표 짜는 법을 단계별로 자세히 살펴보자.

• 목표 설정: 채연이의 경우 계획표를 짜기에 앞서 가장 먼저 한 일은 목표 설정이었다. 미술고등학교 진학을 꿈꾸는 채연이는 성적에서 자유로울 수 없었다. 이전 시험의 평균이 70점대 중반이었기 때문에 이번 중간고사에서는 평균을 80점대로 끌어올리겠다는 목표를 세웠다. 목표는 점수로 정해도 되고 등수로 해도 된다. 채연이는 과목별로 딱 3문제씩만 더 맞는 것을 목표로 정했다. 3문제 정도는 그렇게 어렵게 느껴지지 않아서 대부분의 아이들이 목표 달성에 큰 부담을 갖지 않는다. 처음부터 목표를 거창하게 세우면 힘들 것 같다는 부담감 때문에 시도하기도 전에 포기해버리기 쉬우니 주의한다.

• 연간 계획: 연간 계획표는 학사 일정을 참고해서 짠다. 만일 6월에 체육대회가 있거나 10월에 학교 축제가 열리면 그 기간에 부족한 공부를 할 수 있도록 한다. 예를 들면 자신이 보완해야 할 과목을 선택해 일주일에 1권을 다 풀 수 있는 얇은 문제집을 푸는 식의 계획을 세우는 것이다. 체육대회 기간을 이용해 기말 대비를 시작하면 체육대회가 끝나고 나서도 공부하는 흐름을 유지할 수 있다.

• 월간 계획: 그다음으로는 월간 계획표를 작성한다. 피터 드러커가 『경영의 실제』에서 언급한 SMART 목표 설정법에 따르면 계획은 구체적이고 Specific 측정 가능하고 Measurable 성취할 수 있고 Achiable 현실적이며 Realistic 기한이 정해져 있을 때 Time-bound 지속적으로 실천할 수

있다. 월간 계획을 세울 때는 '이번 달에는 영어 문법책 1권을 끝내 겠다'와 같은 큰 그림을 먼저 그리는 것이 좋다. 그러면 이를 달성하 기 위해 매주 얼마큼 공부해야 할지 구체적인 계획을 세우기가 수월 해진다. 예를 들어 1달 안에 문제집 1권을 끝낸다고 한다면 일주일 에 3번씩 12차시로 계획을 세운다. 그런 다음 하루 몇 쪽, 몇 문제, 단원별로 구체적인 목표량을 적는다. 문제집에도 계획표를 토대로 학습 일자를 나눠 적어놔야 실천하기 편하다.

탁상 달력이나 다이어리에 주요 일정을 표시해두는 것도 중요하 다. 1달 동안의 생활을 한눈에 보기 위해서다. 이를 토대로 월간 계 획표에 시험 일정을 적고 집중해서 공부해야 할 과목과 참고서나 문 제집의 목표 분량 등 학습량을 적는다. 나만의 목표를 다 세웠다면 학습 의지를 다질 수 있도록 자주 볼 수 있는 곳에 붙여둔다.

중학교 2학년인 신영이는 인터넷강의를 활용해 학원 시간표처럼 자기주도적 학습 계획표를 짰다. 먼저 강남구청 인터넷 수능방송의 중등부 강좌 중 국어/지학사/박세경(*과목/출판사/선생님 이름순), 영 어/천재/유요셉, 역사/미래엔/명효영, 과학/천재/마진호 이렇게 네 강좌를 선택했고 수학은 인터넷강의를 듣지 않고 공부 시간만 배정 했다. 과목별로 펜의 색을 달리해 구분하고(파란색: 국어, 노란색: 영 어, 초록색: 역사, 분홍색: 과학) 각 과목의 색으로 동그라미를 그린 다 음 동그라미 안에 강의 회차를 적어 넣었다. 예를 들어 6일을 보면 분홍색 동그라미 안에 9~10이라고 쓰여 있는데 6일에 과학 강좌 9~10강을 듣는다는 뜻이다.

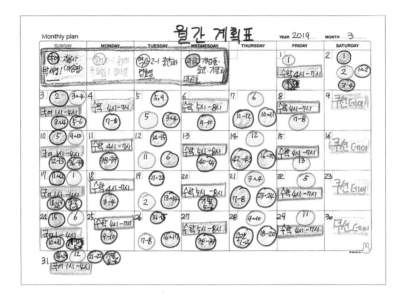

신영이의 경우 국어는 3시간 1회/1시간 30분 1회, 영어와 과학은 2시간씩 4회, 수학은 3시간씩 3회를 할애했다. 신영이는 문과 성향이 강한 데다 책도 많이 읽는 아이라 국어와 역사 공부 시간은 상대적으로 적게 배분하고 이에 반해 본인이 싫어하고 성적도 나쁜 편인 과학과 수학은 전문학원 시간표에 맞춰 많은 시간을 공부하기로 했다.

• 주간 계획: 주간 계획표는 일주일을 7단위로 나눠 각 요일별로 활용할 수 있는 시간을 정리한 다음 그 시간에 따라 유동적으로 공부량을 적는다. 매주 일요일 밤 30분 정도 시간을 내서 작성하고 철

저히 실행하도록 노력한다.

학교나 학원에서 수업을 듣는 것은 그냥 강의를 들은 것뿐이지 내 공부가 아님을 유념해야 한다. 긴 시간 동안 학원 수업을 듣고 나면 마치 공부를 많이 한 것 같은 착각에 빠진다. 하지만 내가 혼자서 공부한 시간이 진짜 실력으로 쌓이는 법이다. 스스로 하는 공부의 최우선은 복습이다. 주말 하루를 '쿠션데이'로 정하고 복습하는 날로 활용하면 좋다. 쿠션데이에 복습을 할 때는 첫날 배운 것부터 누적해 복습한다. 이렇게 하면 시험을 볼 때까지 10번 이상은 복습하게 되니 당연히 시험 결과가 좋을 수밖에 없다.

• 일간 계획: 일일 계획표는 주간 계획표를 토대로 그날그날의 일정에 따라 구체화한다. 전날 밤 내일 할 일을 적는 식으로 계획을 짜야 실천하기 좋다. 예를 들어 화요일 수업에 수학 과목이 있다면 월요일 밤에 화요일 계획표를 적으면서 수학 공부를 넣는다. 전 수업 시간의 수업 내용을 쉬는 시간에 복습하는 일정은 매일 넣어주면 좋다. 집에 와서 공부해야 할 분량을 줄여주고 시간을 효율적으로 활용할 수 있어서다.

마지막으로 매일 저녁 잠들기 전 '오늘의 평가'를 반드시 적어보게 한다. 오늘 지키지 못한 계획이 있다면 왜 지키지 못했는지, 계획을 실천하는 데 부족했던 점을 반성하면 내일의 계획을 좀 더 실현 가능하게끔 현실적으로 세울 수 있고 반드시 지키겠다는 의지도 다시 한 번 다질 수 있다. 이때 일간 계획표의 실행 결과를 형광펜으로 표시해 공부 진행 과정을 볼 수 있게 하면 더 좋다. 예를 들어 분홍색은 계획대로 잘 실천한 것, 초록색은 미뤄진 것, 노란색은 실천하지 못한 것 등으로 체크한다. 이렇게 반복하다 보면 자신이 실천할 수 있는 공부량이 쉽게 파악돼 다음 번 계획을 균형 있게 짜는 데 도움이 된다.

무엇보다 모든 계획을 실천할 때는 계획을 위한 계획이 되지 않도록 주의해야 한다. 월요일부터 금요일까지 계획한 목표 중 달성하지 못한 것이 있다면 주말을 이용해 보충하는 식으로 유연하게 시간을 활용하면 된다. 지키지 못한 부분에 연연하거나 전전긍긍하다 보면 계획에 압도돼 진짜 목적을 잃고 만다.

오른쪽 상단 표는 중학교 2학년 승현이가 일간 계획표를 짜고 실천한 뒤 성취도를 평가한 내용이다. 공부 계획은 하교 후 밤 10시까지 주요 과목을 복습하는 것을 중점으로 해 세웠다. 공부한 시간과 공부 내용을 기록한 다음 자신이 생각하는 성취도를 적었다. 계획대로 공부하다 보니 하루 5시간 가까이 교과서 복습은 물론 문제풀이까지 할 수 있었다. 승현이에게 학습 계획표대로 공부해본 소감을 물었더니 계획 없이 공부할 때와는 다르게 시간표가 있으니 공부 분량이 가늠되고 더 효율적으로 많은 시간을 공부할 수 있어 좋았다고 했다. 이렇게 꾸준히 실천하면 금방 상위권에 도달할 수 있을 것 같다는 자신감도 보였다.

번호	공부 시간	과목	공부 내용	성취도	평가 이유
1	16:00 ~17:30	국어	「소를 줍다」: 교과서 읽고 자습서와 평가문제집 풀기	상	학교에서 수업 듣고 바로 복습해서 집중이 잘됐음
2	17:40 ~19:00	역사	신라의 발전과 가야: 교과서 읽고 인터넷강의 듣고 중요한 것 암기	중	알고 있는 내용이라서 오히려 성실하게 하지 못함
3	20:00 ~22:00	과학	빛과 파동: 교과서 암기하고 자습서, 평가문제집 풀기	상	수업 시간에 수행평가를 본다고 해서 열공했음

시험 기간을 위한 공부 시간표

머리가 좋다고 자타가 공인하는 중학교 2학년 형주는 이번 시험 기간에도 능청을 부린다. "안 해서 그렇지 제가 마음잡고 공부하면 전교 1등도 문제없어요"란다. 이런 형주 성격 탓에 형주 어머니는 나를 붙들고 하소연을 한다.

"애가 머리만 믿고 노력을 안 해요. 조금만 열심히 하면 정말 좋은 성적을 받을 것 같은데 말이에요."

어디서 많이 들어본 말처럼 느껴질 수 있다. 많은 부모가 이런 오해를 한다. 우리 아이가 공부를 못하는 건 노력을 안 해서일 뿐이지 맘만 먹으면 잘하게 될 거라고 굳게 믿는다. 그런데 막상 공부를 해 보면 마음잡고 책상 앞에 앉는다고 무조건 공부가 되진 않는다. 아무리 머리가 좋아도 제대로 공부를 하려면 생각보다 시간도 많이 걸리고 생각지도 못한 변수들이 튀어나와 당황하게 된다. 평소 학습 계획표를 세워 시간 관리를 하면 이런 문제를 겪지 않을 수 있다. 이미 지나간 시간은 어쩔 수 없고 이번 시험 기간부터라도 열심히 공부하고 싶은 아이들을 위해 시험 기간 공부 시간표 짜는 법을 소개한다.

학습량에 맞춰 분 단위 시간표 짜기

사실 공부 계획은 단순할수록 좋다. 시험 기간에는 더더욱 그렇다. 계획이 아무리 좋아도 실행하지 못하면 무용지물이다. 일단 다이어리나 일정표 등에 시험 일정과 범위를 적어두고 30분 단위로 그날 공부할 분량을 정해 시간표를 짜는 것을 추천한다.

공부에도 파레토법칙이 적용된다. 이는 소득분포에 관한 통계법칙으로 상위 20% 소득자가 전체 부의 80%를 점유한다는 80:20 법칙이다. 즉, 전체의 대부분이 몇 가지 소수의 요소에 의존한다는 뜻인데 시험의 경우도 20%의 중요한 곳에서 80%의 문제가 출제된다. 그러니 시험에 나오지 않을 내용까지 공부하느라 시간을 낭비할 필요가 없다.

따라서 암기 과목의 경우 시험 범위 전체를 한 번에 다 보는 것이 중요하다. 그래야 핵심이 무엇인지 알 수 있다. 먼저 내용이 이해되든 되지 않든 처음부터 끝까지 빠르게 1번 읽는다. 이런 식으로 2~3회

정도 반복해서 읽되 시간을 너무 길게 잡지 않는다.

이때 공부하는 데 에너지가 적게 드는 과목(자신 있거나 잘하는 과목 또는 공부할 분량이 적은 과목)으로 시작해 많은 에너지가 드는 과목으로 넘어가도록 한다. 처음부터 너무 어렵거나 자신 없는 공부로 시작하면 시간 내에 목표한 분량을 마치지 못할 수도 있고 공부가 힘들게 느껴질 수도 있다. 에너지가 적게 드는 공부부터 하면 계획대로 공부했다는 작은 성취감을 얻을 수 있고 이것이 할 수 있다는 자신감으로 이어져 남은 계획을 실행할 추진력이 돼준다.

또 대부분의 아이들이 늦은 시간에 잠자리에 들다 보니 보통은 오후나 저녁 시간에 집중을 더 잘한다. 스스로 좀 더 집중이 잘된다고 느껴지는 시간에 이해가 많이 필요한 과목이나 에너지 소모가 큰 과목을 공부하는 것이 좋다. 문제풀이도 이 시간에 한다. 집중력이 좋을 때 공부하면 같은 내용을 읽어도 더 빨리 이해되고 기억에도 오래 남는다. 아침형 인간이라면 이와 반대로 하면 된다.

확실한 계획과 굳은 의지가 있다 해도 변수는 생기기 마련이다. 앞에서도 강조했지만 시험 기간에도 '쿠션데이'는 꼭 필요하다. 토요일이나 일요일 중 하루를 비워두고 계획대로 실행하지 못한 부분은 이날 해결하도록 한다. 공부를 하면서 이해되지 않아 표시해두고 넘어갔거나 특별히 암기해야 할 내용은 '쿠션타임'에 다시 확인한다.

마지막으로 학습 계획이 제대로 실행됐는지 양적·질적으로 점검하는 시간이 필요하다. 목표한 학습량을 채웠는지, 그날 공부한 내용을 충분히 숙지했는지를 모두 알아본다. 대부분의 학생들이 이 과정을 소홀히 하는데 점검을 반복하다 보면 내가 정확히 아는 것과 모르는 것을 파악할 수 있어 자연스럽게 메타인지를 기를 수 있다. 이 내용은 뒤에서 좀 더 자세히 설명하겠다.

실천 사례: 형주의 시험 기간 공부 시간표

다음은 2019년 신동중학교 1학기 중간고사 안내 가정통신문 내용이다. 중간고사는 대부분 4월 말에서 5월 초에 시작해 2일 정도 본다. 일반적으로 중학교 2학년 중간고사 시험 범위는 이와 비슷한 수준이라고 보면 된다.

1학기 중간고사 안내

2019학년도 1학기 중간고사 시험 시간표와 시험 범위를 안내해 드리오니 자녀 지도에 참고하시기 바랍니다.

시험 시간표

날짜	4월 29일(월)		4월 30일(화)	
교시	2학년	3학년	2학년	3학년
1교시	영어		수학	
2교시	과학		역사	
3교시	–	사회	국어	

교과 \ 학년	2 학년
국어	1단원-(1): 12∼17쪽 1단원-(2): 21∼33쪽 2단원-(1): 68∼71쪽 3단원-전 범위 관련 학습지 모두 포함
역사	역사 1(pp.12∼55), 해당 범위 학습지
수학	1. 유리수와 소수∼3. 부등식(pp.8∼87)
과학	과학A: Ⅰ. 물질의 구성(pp.12∼43), 　　　 교과서와 관련 학습지, 수업 시간 필기 내용 과학B: Ⅳ. 식물과 에너지(pp.122∼151), 　　　 교과서와 관련 학습지, 수업 시간 필기 내용
영어	1∼2과 교과서 및 프린트, 추가 프린트

• 과목 공통: 형주는 한 과목에 집중할 수 있는 시간이 짧아 하루 2∼3과목의 교과서를 빠르게 읽게 했다. 교과서로 시험 범위 전체를 신속하게 읽은 다음 평가문제집의 문제와 해설지를 교과서처럼 읽는 순으로 학습했다. 늑장부리는 게 습관인 아이라 시간을 한정해두고 그 시간 내에 읽게 하는 게 중요했다. 처음에는 일반 초시계로 시간을 재게 하고 나중에는 뽀모도로 타이머를 활용했다. 예를 들어 역사 공부를 1시간 할 계획이라면 타이머에 1시간을 맞춰둔다. 빨간색이 점점 줄어드는 것으로 남은 시간을 시각적으로 보여주면 계획대로 실행하는 데 도움이 된다. 초시계 활용법은 뒤에서(70쪽)

좀 더 자세히 소개하겠다.

학원 숙제는 학교에 갔다 와서 바로 하거나 학원 수업이 끝난 직후 곧바로 하는 식으로 하고 굳이 숙제하는 시간을 빼지는 않았다. 그러면 학교에 숙제를 가져가서 쉬는 시간에 하거나 틈나는 대로 숙제를 한다. 물론 이렇게 해도 몰아서 하는 아이가 있지만 시간표를 짜고 실행한 지 1주 정도 지나면 자투리 시간을 활용해 숙제를 하는 아이들이 더 많아진다.

암기 과목은 한 주에 한 과목이 끝날 수 있도록 했다. 시험 볼 때까지 최소 3번은 돌리고 문제풀이까지 끝내게 했다. 자기 전 점검표로 자기평가도 빠뜨리지 않고 했다. 계획을 얼마나 잘 지켰는지 평가하고 다음 날 공부 계획도 세우는 것이다. 첫 주에는 버거워했지만 시간이 갈수록 익숙해져서 습관으로 자리 잡았다. 당연히 만족스러운 시험 결과를 얻을 수 있었다.

• 국어: 국어 공부 시간은 주 2회, 학교에서 국어 수업이 있는 월요일과 수요일에 잡았다. 1차시로 「진달래꽃」과 「열보다 큰 아홉」을 잡고 2차시 「양반전」, 3차시 「흑설공주」, 4차시는 문법인 정확한 발음과 표기, 5차시 「명태의 귀환」, 6차시 「내가 보는 세상은 진짜일까」 이렇게 3주 6회의 학습 계획을 세웠다. 마지막 4주째에는 소단원 3개씩 2번에 걸쳐 복습하게 했다. 영어 단어를 암기할 때 누적 암기를 하듯이 국어 공부도 누적 복습을 한다. 대체로 시험 대비 공부는 다른 학원 일정 등을 고려해 4주 전부터 시작하는 것이 적당하다.

횟수	강의 번호	강의명
1	1~2	1. (1) 진달래꽃 / 1. (2) 열보다 큰 아홉
2	3~4	1. (3) 양반전 ①, ②
3	5	2. (1) 정확한 발음과 표기 ①
4	6	2. (1) 정확한 발음과 표기 ②
5	11~12	4. (2) 흑설공주 ①, ②
6	13~14	5. (1) 명태의 귀환 ①, ②
7	15	5. (2) 내가 보는 세상은 진짜일까
8	16~17	1~2단원 뽀인트 정리
9	18~19	4~5단원 뽀인트 정리

형주는 학원을 다니고 있었지만 강남구청 인터넷 수능방송 중 박세경 선생님의 〈중2-1 국어 지학사(이삼형) 교과서 핵심요약정리〉를 추가로 수강하게 했다. 4, 5단원은 기말고사 범위지만 3단원이 '생활 속 책읽기'여서 문학과 비문학 독서 지문인 4, 5단원도 미리 넣었다. 실제 중간고사에서 3단원에 해당하는 문제는 프린트해 나눠준 문학과 비문학 독서 자료에서 출제됐다.

오른쪽은 위의 인터넷강의 수강 계획표에 맞춰 공부 시간표를 짠 것이다. 시험 4주 전부터 시작해 3주 차에는 수강을 끝내도록 했다. 시험 보는 주의 상황에 따라 조절할 수 있도록 하기 위해서다.

	수	토	일
1주	1~2강	3~4강	5강
2주	6강	11~12강	13~14강
3주	15강	16~17강	18~19강
4주	1~6강에 해당하는 교과서 복습	11~15강에 해당하는 교과서 복습	전체 복습

구체적인 공부법을 1차시로 예를 들면 이렇다. 「진달래꽃」과 「열보다 큰 아홉」 교과서 지문을 먼저 읽은 다음 수업 시간 필기한 노트 내용을 암기한다. 그중 중요한 내용은 교과서 여백에도 옮겨 적는다. 이어 자습서를 찬찬히 읽으면서 중요한 부분은 암기한 다음 평가문제집 지문을 꼼꼼히 읽으면서 시험에 나올 만한 포인트를 외운다. 다음으로 문제집 문제를 풀어보고 채점한 뒤 해설지를 확인한다. 틀린 문제는 다시 풀어보고 맞은 문제도 감으로 맞힌 경우가 있으니 해설지를 세세하게 훑어본다. 만약 형주처럼 수강하는 인터넷강의가 있다면 1.5~2배속으로 빠르게 들으며 내용을 다시 한 번 정리한다.

• 영어: 영어는 국어와 마찬가지로 강남구청 인터넷 수능방송 유요셉 선생님의 〈중2-1 영어 천재(정사열) 교과서 평가문제집〉 강좌를 중간고사 시험 범위에 맞춰 나눠 수강하는 것으로 계획을 세웠다.

영어 중간고사는 대략 1~2과, 많아야 3과까지가 시험 범위다. 영어 공부도 국어 공부처럼 평일에 1번, 주말에 2번을 넣었다. 인터넷

영어 중간고사 대비 수강 강좌 목록

횟수	강의 번호	강의명
1	1~2	Lesson 1. 단어와 숙어 · 듣기 및 말하기
2	3~4	Lesson 1. 문법 · 문법 test
3	5~6	Lesson 1. 본문 · 단원평가
4	7~8	Lesson 2. 단어와 숙어 · 듣기와 말하기
5	9~10	Lesson 2. 문법 · 문법 문제풀이
6	11~12	Lesson 2. 본문 · 단원평가
7	13	1학기 중간고사 완벽대비
8	–	1~5강 해당 교과서 공부
9	–	7~11강 해당 교과서 공부

영어 공부 시간표

	월	토	일
1주	1~2강	3~4강	5~6강
2주	7~8강	9~10강	11~12강
3주	13강 문제풀이	1~6강 미진한 부분 강의 듣고 암기	7~12강 미진한 부분 강의 듣고 암기
4주	1과 교과서/문제풀이	2과 교과서/문제풀이	부족한 부분 채워 넣기

강의 시간표대로 단어와 숙어, 듣기와 말하기를 한 세트로 학습해야 한다. 문법과 본문을 암기하고 문제풀이까지 하면 한 과가 끝난다. 이렇게 교과서 한 과의 본문, 단어, 문법, 듣기 및 말하기를 통째로 암기하고 계속 문제를 풀면서 부족한 부분을 보완해나간다. 영어 역시 3주 차에는 다 끝내도록 계획을 세웠다.

• 역사: 역사 과목은 명효영 선생님의 〈[집중이수 역사①] 2-1(중간고사)_내신개념정리(우공비)09개정〉 강좌를 신청했다. 역사 시험 범위도 두 단원 정도 들어간다.

역사는 강의 수만 많지 실제 교과서 분량은 40쪽 정도로 많지 않

역사 중간고사 대비 수강 강좌 목록

횟수	강의 번호	강의명
1	1~3	OT, 역사의 의미와 인류의 출현/선사 문화의 발전
2	4~5	중단원 완성하기-명량 문제풀이/문명의 탄생
3	9~11	청동기 문화와 고조선/철기 문화와 여러 나라의 성장/ 중단원 완성하기-명량 문제풀이
4	12~13	1단원 1강으로 끝내기/삼국의 형성
5	14~15	삼국의 성장과 체제 정비/중단원 완성하기-명량 문제풀이
6	16~18	고구려의 발전/백제의 중흥 노력/신라의 발전
7	19~21	가야 연맹의 발전/중단원 완성하기-명량 문제풀이/삼국의 학문과 종교
8	22~24	삼국의 고분과 문화 교류/중단원 완성하기-명량 문제풀이/ 2단원 1강으로 끝내기

	월	금	토	일
1주	1~3강	4~5강	9~11강	12~13강
2주	14~15강	16~18강	19~21강	22~24강
3주	1~5강 미진한 부분 듣고 교과서 프린트 암기 및 문제풀이	9~13강 미진한 부분 듣고 교과서 프린트 암기 및 문제풀이	14~18강 미진한 부분 듣고 교과서 프린트 암기 및 문제풀이	19~24강 미진한 부분 듣고 교과서 프린트 암기 및 문제풀이
4주	3주 차 미진한 부분 듣고 교과서 프린트 암기 및 문제풀이	3주 차 미진한 부분 듣고 교과서 프린트 암기 및 문제풀이	3주 차 미진한 부분 듣고 교과서 프린트 암기 및 문제풀이	3주 차 미진한 부분 듣고 교과서 프린트 암기 및 문제풀이

다. 인터넷강의를 빠르게 듣고 교과서와 학교에서 나눠준 프린트를 암기한다. 2주 차에 완강할 수 있기 때문에 3~4주 차에는 복습을 한다. 교과서는 간략하게 정리돼 있으므로 이해하기 어려운 부분은 초등학생 때 읽었던 쉽고 재밌는 역사책으로 흐름을 잡고 이해를 한 다음 암기하면 수월하다. 인과관계를 바탕으로 이해하고 암기해야 기억하기 좋다.

• 과학: 과학 과목은 마진호 선생님의 〈개념풀특강 중학 과학 2〉와 〈중간고사 시험대비 족집게 특강〉, 〈기말고사 시험대비 족집게 특강〉을 듣게 했다. 과학 시험 범위는 물상 부분인 과학A와 생물 분야인

과학 중간고사 대비 수강 강좌 목록

횟수	강의 번호	강의명
1	개념풀 1~4	원소/원소의 구별 방법/탐구 공략하기/실력 올리기
2	5~7	원자와 분자/원소와 분자의 표현 방법/실력 올리기
3	8~10	이온/앙금 생성 반응/탐구 공략하기
4	11~12	실력 올리기/대단원 완성하기
5	36~38	광합성/광합성에 영향을 주는 요인/증산작용
6	39~40	탐구 공략하기/실력 올리기
7	41~43	호흡/광합성과 호흡/실력 올리기
8	중간고사 1~4	원소/원자와 분자/이온/1단원 중간고사 대비 문제풀이
9	기말고사 5~8	광합성/증산작용/식물의 호흡과 광합성 산물/ 4단원 기말고사 대비 문제풀이 02

과학 공부 시간표

	금	토	일
1주	개념풀 1~4강	5~7강	8~10강
2주	11~12강	36~38강	39~40강
3주	41~43강	중간고사 1~4강	기말고사 5~8강
4주	개념풀 1~10강 미진한 부분 듣고 교과서 암기 및 문제풀이	2주 차 미진한 부분 듣고 교과서 암기 및 문제풀이	3주 차 미진한 부분 듣고 교과서 암기 및 문제풀이

과학B가 고루 속한다. 과학은 시험을 대비해 학원을 다니는 아이들보다 혼자 공부하는 학생들이 많은데 대부분 교과서를 읽는 것도 힘들어한다. 먼저 교과서를 소리 내서 읽게 한 다음 인강을 듣게 한다. 개념풀특강으로 기초를 다지고 물상은 〈중간고사 시험대비 족집게 강의〉에, 생물은 〈기말고사 시험대비 족집게 강의〉에 범위에 해당하는 내용이 있으니 골라 듣게 하면 된다.

대체로 아이들은 생물 부분을 암기하는 데 어려움을 겪는다. 교과서 시험 범위 분량이 각각 30쪽 정도밖에 안 되는데도 부담을 가진다. 교재에 바로 노트 필기를 하면서 듣고 강의 수강 직후 교과서를 암기한 후 반드시 문제풀이를 통해 이해했는지 못했는지 확인하게 하는 것이 좋다.

학습목표 달성량 확인하기

　부모와 마찬가지로 아이들 역시 책상 앞에 오래 앉아 있었으면 공부를 많이 한 것이라고 믿는다. 또 공부를 시작한 지 30분밖에 안 지났는데 오래 공부했다고 생각하고 의자에서 엉덩이를 떼기 일쑤다. 혼자서 공부하는 습관이 들지 않은 아이들의 경우 시간에 대한 감이 부족하고 실제로 공부한 시간과 멍하니 있거나 딴짓한 시간을 나눠서 생각하지 못하기 때문이다. 따라서 아이들이 얼마나 공부했는지 눈으로 확인할 수 있는 장치들을 마련해주면 계획대로 공부해 학습목표량을 달성하는 데 도움이 된다.

초시계 공부법

가장 먼저 추천하고 싶은 방법은 많은 사람들이 사용하는 '초시계 공부법'이다. 공부할 때 초시계를 활용하는 방법은 무궁무진하다.

먼저 공부를 시작할 때 타이머를 설정해둔 초시계의 스타트 버튼을 누른다. '공부를 시작할 때'란 집중하기 시작하는 순간을 말한다. 보통 처음에는 15분 정도 지나면 집중력이 흐트러지므로 타이머를 15분으로 맞춘다. 다음번에는 20분, 그 다음번에는 25분 이런 식으로 조금씩 타이머 설정 시간을 늘려간다. 욕심내서 50분 공부하고 10분 쉬고 하는 식으로 길게 잡지 말고 점진적으로 집중하는 시간을 늘리는 것이 좋다. 대신 타이머를 맞춰뒀으면 그 시간 동안에는 알람이 울릴 때까지 다른 일은 하지 않고 공부만 해야 한다. 전화를 받거나 화장실에 가거나 물을 마시는 등 공부 외에 다른 일을 할 때는 타이머를 멈췄다가 다시 공부를 시작할 때 타이머를 켠다. 이런 식으로 최대 50분에서 1시간까지 공부하는 시간을 늘려간다.

순수하게 공부만 한 시간을 측정하기 위해서는 초시계를 스톱워치로 활용한다. 0으로 초시계를 맞춰두고 공부를 시작하면 초시계의 스타트 버튼을, 멈추면 스톱 버튼을 누르는 것이다. 이렇게 누적해 측정한 공부 시간은 반드시 일간 계획표에 적는다. 그러면 하루 중 공부하는 시간이 얼마나 적은지 깨닫게 된다. 실제로 아이들에게 초시계 공부법을 시켜보면 하나같이 자신이 공부한 시간이 적다고 말한다.

초시계의 알람 소리는 아이들에게 긴장감을 줌으로써 실제 시험을 보는 것과 같은 효과를 내기도 한다. 스톱워치로 사용할 때는 초시계 화면의 숫자가 늘어날수록 긴장을 하게 되고 타이머로 활용할 때는 줄어드는 숫자를 보며 조바심이 들어 문제 푸는 속도에 탄력이 붙을 수밖에 없다. 특히 짧은 시간 동안 여러 과목을 공부할 때 초시계 공부법은 매우 효과적이다.

또 초시계 공부법으로 시간을 안배하는 훈련도 할 수 있기 때문에 시험 볼 때 시간이 부족한 아이들에게 특히 도움이 된다. 교과서를 읽을 때도 한 단원을 읽는 데 시간이 얼마나 걸리는지 읽는 시간을 초시계를 이용해 재본다. 초시계는 혼자 모의고사를 볼 때도 유용하다. 문제집 뒷부분에는 보통 중간고사, 기말고사 각 2회분씩 최종 모의고사가 수록돼 있다. 총 25문제를 제한 시간 45분 안에 풀도록 돼 있으니 시험 전날 초시계를 맞춰놓고 풀어본다.

실천 사례: 승민이의 공부 시간 막대그래프

공부한다고 방에 들어가 놓고는 이것저것 참견하지 않는 일이 없어 부산스럽다고 엄마한테 혼나기 일쑤인 승민이는 초시계 공부법을 실천해본 후 의기소침해졌다. 평소 엄마가 자신을 괜히 혼내는 줄 알았는데 초시계로 시간을 재보니 하루 종일 공부한 시간이 3시간밖에 안 되더라는 것이다.

"제가 얼마나 공부를 많이 하는지 엄마한테 증명해 보이려고 초시계 공부법을 해본 거였거든요. 근데 막상 해보니까 저는 기본적으로 책상 앞에 오래 앉아 있지 못하는 엉덩이가 가벼운 애더라고요…."

시무룩해진 승민이를 다독여주며 원래 첫술에 배부를 수는 없는 법이라고, 승민이만을 위한 초시계 공부법을 다시 시도해보자고 했다.

먼저 승민이의 경우 스마트폰에 있는 타이머를 사용하면 타이머를 맞추려다 말고 폰으로 딴짓을 하느라 집중이 흐트러졌다. 그래서 타이머를 2개 준비하게 했다. 하나는 공부하는 데 집중할 50분을 설정해놓는 타이머, 다른 하나는 순수 공부 시간을 측정할 타이머다. 50분 공부한 뒤에는 10분 쉬게 했고 화장실에 가거나 전화를 받을 때는 마찬가지로 타이머를 멈추게 했다. 그리고 그 시간을 막대그래프로 그려보라고 했다. 승민이는 공부한 시간이 어떻게 달라지는지 좀 더 직관적으로 파악할 수 있게 되자 전날보다 다음 날 더 공부를 많이 하려고 노력했다.

오른쪽의 승민이가 그린 공부 시간 막대그래프를 보면 첫 주는 1,620분을 공부해 매일 평균 3시간 40분 정도 공부했다. 둘째 주에는 1,830분을 공부해 일일 평균 공부 시간이 4시간 30분 이상으로 첫 주보다 50분 가까이 늘어났다. 이렇게 측정한 공부 시간은 반드시 알아보기 쉽게 기록해야 공부 습관을 만들고 공부 시간을 늘리는 데 도움이 된다.

공부근육
UP

1주 차 그래프

	월	화	수	목	금	토	일

8시간
7시간 30분
7시간
6시간 30분
6시간
5시간 30분
5시간
4시간 30분
4시간
3시간 30분
3시간
2시간 30분
2시간
1시간 30분
1시간
30분
0분

총
학습
시간
1,620분

▲ 1주 차

2주 차 그래프

	월	화	수	목	금	토	일

8시간
7시간 30분
7시간
6시간 30분
6시간
5시간 30분
5시간
4시간 30분
4시간
3시간 30분
3시간
2시간 30분
2시간
1시간 30분
1시간
30분
0분

총
학습
시간
1,830분

▲ 2주 차

습관달력 활용법

물론 하루 이틀 공부 시간표를 잘 지켰다고 해서 공부하는 습관
이 굳어지지는 않는다. 공부 습관을 단단히 하고 싶다면 66일 습관
달력을 활용해보자. 런던대학교 연구팀이 실험한 결과 무슨 일이든

최소 66일은 해야 습관이 일상으로 체화된다고 한다. 즉, 어떤 계획을 세우고 66일을 지속적으로 하면 이후에는 의식하지 않아도 자연스럽게 하게 된다는 것이다. 오히려 그 일을 안 하면 심리적으로 불안을 느낀다고 한다.

66일 습관달력 양식은 포털사이트에서 쉽게 구할 수 있다. 달력을 냉장고나 책상 주변처럼 가족 모두에게 잘 보이는 곳에 붙여두고 1일부터 66일까지 계획을 지켰는지 표시해나간다. 스티커를 붙여도 좋고 펜으로 표시를 해도 된다. 게임 레벨이 올라가는 것처럼 경험치가 올라가는 것이 즉각 확인된다. 차근차근 채워지는 습관달력을 보며 지속적으로 계획을 지켜온 자신에게 뿌듯함을 느낄 수 있고 성취감도 맛볼 수 있다. 성취감은 앞으로도 공부를 계속해야겠다는 동기를 부여해주고 몰입도를 높여주며 만족감과 행복감을 선물해준다.

학습 계획표를 친구와 주고받기

아이들이 숙제를 하는 이유는 검사를 받아야 하기 때문이다. 만약 혼자서 시간표대로 공부하는 것이 힘들다면 다른 사람에게 검사를 받는 식으로 관리를 맡겨보면 도움이 된다.

방법은 간단하다. 엄마에게 학습 계획표와 그날 공부한 내용을 사진 찍어서 보내는 것이다. 엄마와 하는 것이 너무 감시받는 듯한 느낌이 들어 부담스럽다면 친구와 교환일기를 쓰듯이 해도 상관없다.

계획대로 공부했는지 사진으로 찍어 친구에게 보내면 된다. 1대 1로 해도 되고 친구가 여러 명이라면 단톡방을 만들어 올린다.

경찰이 보고 있는데 무단횡단을 하는 사람은 없다. 아무리 사소한 규칙이라도 누군가 내가 얼마나 잘해내는지 지켜보고 있다고 생각하면 좀 더 신경 써서 지키게 되는 법이다.

또 친구와 서로의 학습목표 달성량을 확인해주면 왠지 모를 경쟁심이 생기고 자극이 돼서 더 열심히 하게 된다. 문제를 풀 때도 하나라도 덜 틀리려고 꼼꼼하게 읽기 때문에 오답률이 현저히 줄어든다. 공부도 하고 성적도 오르는 일석이조의 효과를 얻을 수 있다.

공부 비타민 ②
공부 습관을 지속시키는 정서 관리법:
공부 일기 쓰기

영국의 센트럴랭커셔대학교 심리학과 교수인 파멜라 쿼터 Pamela Qualter 박사의 연구 팀은 "정서지능emotional intelligence이 학업 성공에 중요한 이유는 한 자리에 앉아 오래 공부할 수 있도록 돕기 때문"이라는 사실을 밝혀냈다. 뿐만 아니라 "정서지능이 높은 아이들은 집중력을 잘 유지하며 여러 상황에 잘 대처한다"고 강조한다. 그만큼 아이들이 좋은 성적을 유지하는 데는 자신의 감정을 관리하고 스트레스에 잘 대처해나가는 것이 중요하다는 것이다.

정서지능이라는 개념을 처음으로 제시한 예일대학교 심리학과 피터 샐로비 Peter Salovey 교수에 따르면 이성적 결정이나 삶의 어려운 문제를 해결하는 데는 감정적인 요소가 중요하다고 한다. 실제로 '나는 해낼 거야', '나는 해낼 수 있어' 같은 자신감과 자기효능감은 학습에 큰 영향을 미친다. 서울대학교 문용린 교수 역시 공부를 잘하는 것은 비단 지적인 능력 때문만은 아니며 우리 두뇌는 지적인 능력을 인도해주는 정서지능에 많은 영향을 받는다고 말했다. 감정을 관리함으로써 공부에 방향성을 부여하는 셈이다. 비단 공부만이 아니다. 자신이 하는 일에 스스로 동기를 부여하고 그 일을 사랑하고 열정적으로 해내며 실패와 좌절에 부딪혔을 때도 회복해내려면 시간 관리만큼이나 자신의 마음을 돌보는 '정서 관리'에 신경 써야 한다.

아이들의 정서 관리를 위해 추천하는 방법은 '공부 일기'를 쓰는 것이다. 일기 쓰기는 심리 치료 목적으로 활용하는 방법이기도 하다.

먼저 공부 일기를 쓸 공책을 1권 준비한다. 학교에 갔다 오자마자 이 공책에 교시별 수업 내용을 교과서나 필기를 보지 않고 적는다. 정 생각이 나지 않는다면 교과서를 보면서 채워 넣어도 된다. 요즘에는 학교에 교과서를 두고 다니는 아이들이 대부분이니 집에서 볼 주요 과목의 교과서를 따로 구입해두는 것도 좋다.

공부 일기 작성 초반에는 몇 교시에 무슨 과목을 공부했는지조차 기억해내지 못하는 경우가 많다. 하지만 공부 일기를 쓰다 보면 공부 일기를 써야 한다는 계획 때문에 학교 수업에 점점 집중하게 돼서 점차 자연스럽게 적어나간다. 공부 일기를 쓰면서 학교 수업 내용을 복기하게 되니 복습 기회도 된다.

여기서 끝이 아니다. 공부 일기의 목적은 공부를 하면서 느낀 감정을 쓰는 것이다. 따라서 그날 수업 내용을 적었다면 그 아래에는 그날 하루 내가 잘한 일, 못한 일, 내일 해야 할 일의 '세 줄 일기'를 적어 마무리한다. 알려진 바에 따르면 세 줄 일기는 스트레스를 예방해주고 수면의 질을 높여주며 판단력을 높이는 데 도움이 된다고 한다. 하루를 정리해서 일기로 쓰는 동안 마음도 정리되는 덕분이다. 뿐만 아니라 일기를 쓰는 일이 습관이 되면 내 감정을 잘 살피게 돼 정서 관리를 잘할 수 있고 끈기는 물론이고 하기 싫은 일도 해내는 인내력도 생긴다. 끈기와 인내가 공부에 직접적인 도움을 준다는 것은 강조하지 않아도 알 것이다.

걱정거리가 있거나 마음이 어지럽고 산만할 때, 의욕이 없을 때 일도 하기 싫고 밥조차 먹기 싫은 것은 어른들도 마찬가지 아

공부 일기 예시

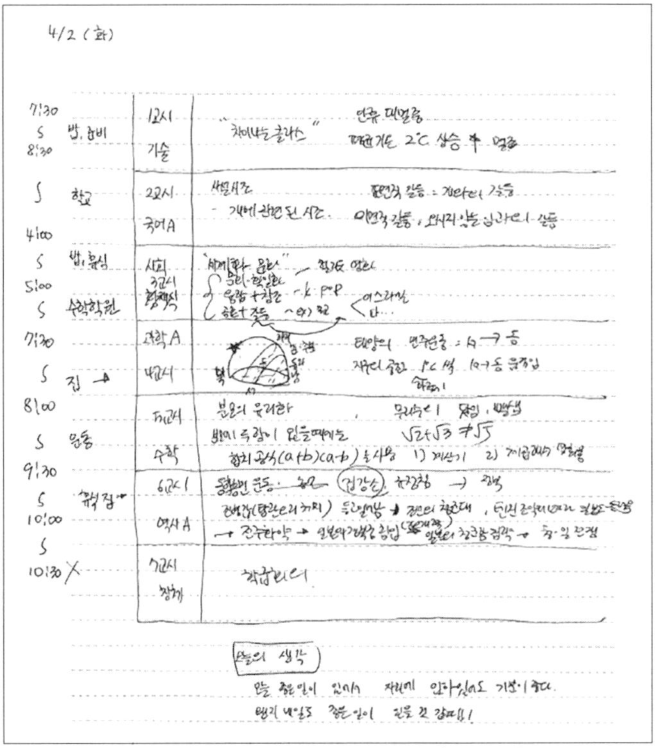

닌가. 아이들 역시 정서가 불안한 상태로 공부에 집중하기는 힘들다. 공부 일기를 쓰면서 마음을 다잡는 시간을 갖게 해보자.

STEP
2

[기본기 UP]
전 과목에 써먹는
학습 기초 다지기

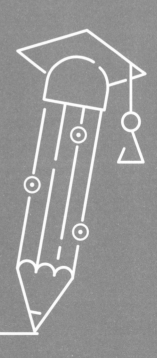

LEVEL
3

학습의 기초,
문해력 높이기

한국인이 한국말을 모른다고?

아이에 관해 상담하러 온 부모 중 상당수는 내가 아이의 문제가 무엇이냐고 물으면 비슷한 대답을 한다. 아이가 집중력이 없어 공부하라고 하면 단 5분도 안 돼서 물 마신다고 나오고 화장실에 들락거리고 안 하던 책상 정리를 한다는 것이다. 보다 못해 집중해서 공부 좀 하라고 소리를 치면 그제야 책상 앞에 앉는단다. 한참 조용해서 열심히 공부하나 들여다보면 엎드려 자고 있기 일쑤다.

"우리 집 아이만 그런 게 아니라 공부 못한다는 애들 얘기 들어보면 다 그래요. 공부 못하는 애들 특징인 거죠."

그런데 막상 현장에서 보면 공부를 잘하는 아이나 못하는 아이나 자기주도적으로 공부한다고 할 만한 경우는 극히 드물다. 공부 잘한다는 말을 듣는 아이도 학원 스케줄에 따라 공부하거나 과외 수업을 열심히 듣는 정도에 그친다. 그것만 잘해줘도 바랄 게 없다는 부모도 많은데, 애초에 아이들의 공부 태도에 문제가 있다는 건 알지만 왜 그런 문제가 생기는지는 모르니 이런 말을 하는 것이다.

문제를 이해해야 답이 보인다

공부를 못하는 아이들 대부분이 자기 학년의 교과서를 제대로 읽지 못한다. 교과서를 못 읽는다고 하면 의아해하는 부모도 많다. 한글은 유치원에 다닐 때 이미 다 배우는데 중학생 이상이 글을 못 읽는다니?

여기서 말하는 '읽기'는 '독해'와 '문해'다. 국립국어원 표준국어대사전에 따르면 일반적으로 '독해력'과 '문해력'은 모두 글을 읽어서 뜻을 이해하는 능력을 가리킨다.[*] 다시 말해 공부를 못하는 아이들은 독해력과 문해력이 약해 교과서 내용을 읽을 수는 있어도 이해하지 못한다는 뜻이다. 공부도 읽고 이해가 돼야 재밌어진다. 재미가 있어

---

[*] '독해력'이 '글을 읽어 그 뜻을 이해하는 능력'이라는 뜻으로 글 자체의 내용 파악을 중시하고 있다면 '문해력'은 글을 읽고 그 글을 통해 이뤄지는 사고방식을 포괄하는 개념이자 사회적 맥락까지도 이해하는 능력으로 '독해력'보다 '문해력'을 고차원적인 글 읽기로 본다. 이 책에서는 독해력, 문해력을 같은 의미로 두고 사용하려고 한다.

야 집중도 한다. 몰입해서 공부를 하다 보면 자연스레 엉덩이도 무거워진다.

독해력과 문해력은 어느 과목에나 요구된다. 실제로 인근 수학 학원 원장님 한 분도 아이들이 국어 실력 부족으로 문제 자체를 이해하지 못해 못 푸는 경우가 많다고 하소연했다. 수학을 잘하고 싶다면 읽기 능력부터 키우는 게 관건이라는 것이다. 수학뿐 아니라 다른 과목 선생님들 역시 국어 실력의 중요성을 강조하기는 마찬가지다.

문해력을 높이는 법

문해력의 중요성은 비단 우리나라에서만 강조하는 것이 아니다. 일본 교육 전문가 후지하라 가즈히로는 『책을 읽는 사람만이 손에 넣는 것』에서 문해력을 미래의 핵심 능력으로 꼽았다. 지금과 같은 제4차산업혁명 시대에는 정보의 유통기한이 짧을 수밖에 없다. 기술이 빠르게 발달하면서 방대한 양의 정보가 끊임없이 제공된다. 이렇게 눈 깜짝하는 사이에 달라지는 정보를 선별하고 편집하기 위해서는 높은 문해력이 요구된다는 것이다. 저자는 읽고 이해하는 능력이 없으면 도태될 수밖에 없는데도 점점 책을 읽지 않는 사람이 늘어나고 있다면서 '독서'를 기준으로 사회적 계층이 나눠지고 있다고 지적한다.

실제로 대부분의 전문가들은 사람들이 점점 읽기를 어려워하는 사회가 돼가고 있으며 이런 난독사회를 극복하는 첫걸음은 독서라고 말한다. 편집문화실험실 장은수 대표는 "글을 이해하는 데는 글자를 읽는 것만큼이나 구조를 읽어내는 능력이 중요한데, 평소 신문이나 책과 같이 긴 글을 읽는 습관을 들이지 않으면 이 능력이 퇴화한다"고 했다. 또 "글의 구조를 읽는 훈련이 잘된 사람은 빠르게 읽어야 하는 인터넷 글도 쉽게 이해하고 오독하는 경우가 적다"고 분석했다.

다행히 문해력은 학습을 통해 충분히 키워낼 수 있는 역량이다. 타고난 재능이 없다고 하더라도 후천적인 역량은 기를 수 있다. 그것이 배움의 목적이기도 하다. 그럼 지금부터 전략적인 독서 활동을 통해 읽기 능력을 향상하는 방법을 알아보자.

문해력을 높이는 읽기 전략

기본기
UP

평소 독서 습관이 들지 않았거나 읽은 것이 많지 않은 아이들은
읽기에도 방법이 있다는 사실을 모른다. 읽어도 건성으로 읽거나 정
말 '글자만' 읽어낸다. 그러다 보니 글쓴이의 의도를 찾아내지 못하고
줄거리조차 이해하지 못하는 경우도 많다.

읽기 능력이 부족한 아이들에게 도움이 될 만한 학습법을 찾다가
한국교육과정평가원 연구보고서 〈중학생의 읽기 능력 신장을 위한
독해력 증진 시리즈〉를 발견했다. 이 시리즈는 기초, 발전, 도전 3단
계로 구성된 수준별 무학년제 프로그램으로 읽기를 중심으로 말하
기, 쓰기 기능을 통합해 다채로운 언어활동을 해볼 수 있게 돼 있다.
아이들이 흥미를 느낄 만한 소재로 쓰인 3~4문단 정도의 짧은 글과

재미 요소가 포함된 다양한 자료가 실려 있는데 이를 9가지 읽기 전략에 따라 읽은 뒤 독해 활동으로 문제를 풀어보고 말하기 활동으로 글에 대한 자신의 생각을 이야기해보기도 한다. 주인공에게 편지를 써보는 쓰기 활동도 있다. 9가지 읽기 전략은 다음과 같다.

1. 중심 내용 찾기
2. 세부 내용 찾기
3. 어휘 학습
4. 글의 구조 이해하기
5. 요약하기
6. 추론하기
7. 읽기 방법 달리하기
8. 점검하기
9. 비판적 읽기

내가 가르치는 아이들에게도 이 프로그램을 적용하면 좋겠다는 생각이 들어 이 중 '중심 내용 찾기', '세부 내용 찾기', '글의 구조 이해하기', '요약하기', '추론하기'의 5단계 읽기 전략을 수업에 활용하고 있다. 각 가정에서 아이와 함께하는 데도 무리가 없는 활동이니 이어지는 내용을 참고해 활용해보자.

1단계 중심 내용 찾기

　국어를 배우면 주제 파악을 할 줄 알아야 하고 수학을 공부하면 분수를 알아야 한다는 우스갯소리가 유행했던 적이 있다. 그 정도로 글에서 주제를 파악하는 일이 중요하다는 뜻이다. 그렇지만 의외로 중심 내용 찾기를 어려워하는 아이들이 많다. 중심 내용 찾기는 말 그대로 글에서 가장 중요한 내용이 무엇인지 찾는 활동으로 글의 핵심을 놓치지 않고 바르게 이해하는 데 필수적이다.

　전체 글의 중심 내용을 찾기 위해서는 각 문단의 중심 내용을 찾을 수 있어야 한다. 문단의 중심 내용을 찾을 때는 먼저 문장의 중심 내용 찾기를 진행한다. 즉, 문장의 중심어인 '누가(무엇이)', '어찌하다(어떠하다)' 또는 '누가(무엇이)', '무엇을 어찌하다'만 남기고 나머지 문장을 꾸며주는 요소는 지우는 것이다. 예를 들어 '잘생긴 영재가 껄껄 웃는다'라는 문장이 있다고 하자. 문장의 주체가 되는 주어(영재가)와 주어의 움직임이나 상태, 성질 등을 서술하는 서술어(웃는다)만 남기고 삭제한다. 그러면 이 문장의 중심 내용은 '영재가 웃는다'임을 파악할 수 있다.

　한 문단은 여러 개의 문장으로 이뤄져 있지만 중심 내용은 하나다. 만일 하나의 문단에 2개의 중심 내용이 있다면 단락을 나눠 두 문단으로 만들어야 한다. 문단의 중심 내용이란 그 문단에서 글쓴이가 전하고 싶은 가장 중요한 내용이다. 중심 내용을 찾기 위해서는 먼저 글의 화제를 찾는다. '~에 관한 글이다'라고 할 때 '무엇'에 해당

기본기 UP

하는 것이 바로 화제다. 화제를 찾았으면 중심 문장과 뒷받침 문장을 구별한다. 중심 문장은 화제에 관한 포괄적이고 일반적인 내용을 담고 있다.

아이와 함께 해보기

다음의 읽기 자료를 아이와 함께 의미 단위로 끊어 읽고 이어지는 질문에 답해보자.

① 더위. 이보다 우리를 압도하는 것이 있을까? 여름이 되면 더위 때문에 꼼짝달싹도 못하며 겨우 살아가는 날들이 끝도 없이 이어진다. 너무 더운 나머지 세상만사가 다 귀찮아질 정도이다. 온도 몇 도의 차이가 이렇게 대단한 것이구나? 우리는 혀를 내두른다. 냉방이 되는 공간을 산소통 찾듯 찾아다니는 나약한 몸을 내려다보면서, 아무리 훌륭하고 똑똑한 척을 해도 사람은 결국 하나의 생물일 뿐이구나, 우리는 탄식한다.

② 더위는 우리가 근본적인 고민을 하도록 만든다. 당장의 더위를 해결하지 않는 이상 그 어떤 것도 중요하지 않음을 몸소 경험함으로써 우리는 알게 모르게 이 시대의 문제를 마주하게 된다. 그렇다. 기후 변화는 현대의 큰 문제이다. 모든 이의 피부에 와닿는 가장 심각한 전 지구적 문제, 나와 무관하다며 모르는 것을 무시해 버려도 끝내 외면할 수 없는 생존의 문제이다.

③ 기후 변화에 관한 내용을 하도 많이 들어서 지겹겠지만 더위는 더 이상 단순 기상 현상이 아니고, 날씨는 더 이상 인사치레의 주제가 아니다. 지금 우리가 목격하기 시작한 유례없는 이 '열의 위력'은 우리 문명이 그동안 쌓아 올린 어마어마한 빚더미의 맛보기일 뿐이다. 하필 이 시점에 태어나 살고 있는 우리는 억울할지도 모른다. 그러나 다음 세대와 그 이후를 생각하면 오히려 얼마나 행운아인지를 깨닫게 된다. 왜냐하면 이 고통은 잠시 있다가 떠날 것이 아니며, 오히려 가면 갈수록 심해질 것이 분명하기 때문이다. (중략)

김산하, 「더위가 알려 준 진짜 충격」,
『중학교 국어 1-1』 2. 헤아려 읽고, 맞추어 쓰고(비상교육, 2017)

1. 몇 개의 문단으로 구성돼 있는가?

2. 각 문단의 중심 내용은?

   ①:

   ②:

   ③:

3. 문단의 형식은?

4. 주제는?

5. 글의 제목은?

먼저 눈에 들어오는 만큼 빗금을 치면서 글을 읽는다. 처음에는 빗금을 치는 단위가 짧지만 여러 번 반복해서 읽다 보면 몇 줄에 한 번씩 빗금을 그으면서 읽게 된다. 동시에 중요한 부분에는 밑줄을 긋거나 핵심어에 동그라미를 치는 등 자신만의 기호를 활용해 표시하며 읽으면 좋다.

글이 몇 개의 문단으로 나눠져 있는지 확인하고 각 문단의 중심 내용을 적어본다. 문단의 중심 내용은 '소주제'라고 해서 글 전체의 주제와 구분한다. 소주제를 문장으로 쓴 것을 '소주제문'이라고 하는데 각 문단 옆에 소주제문을 찾아 적는다.

다음으로 글 전체의 주제 문장이 어디 있는지 확인하고 문장의 형식을 적는다. 주제 문장이 문단 앞에 있으면 '두괄식'이라고 쓰고 뒷부분에 있으면 '미괄식'이라고 기록한다. 우리나라 말은 끝까지 들어봐야 한다고들 하는데 글을 끝까지 읽어야 주제문이 어디에 있는지 파악된다.

이를 토대로 질문에 답해보면 다음과 같다.

1. 몇 개의 문단으로 구성돼 있는가? 3문단

2. 각 문단의 중심 내용은?

　①: 더위는 우리를 압도한다.

　②: 우리가 경험하고 있는 기후 변화는 심각하다.

　③: 기후 변화는 갈수록 심해질 것이다.

3. 문단의 형식은? 미괄식

4. 주제는? 기후 변화의 심각성

5. 글의 제목은? 더위가 알려 준 진짜 충격

2단계 세부 내용 찾기

　이렇게 중심 내용을 찾았다면 중심 내용을 뒷받침하는 세부 내용을 찾는다. 세부 내용을 찾기 위해서는 정보의 양을 늘려야 하며 빠른 속도로 읽어내는 것이 중요하다. 수업할 때 가장 강조하는 것도 빨리 읽고 이해하기다. 생각의 폭은 정보의 양에 따라 결정되기 때문이다.

　이해력은 글자 단위가 아니라 의미 단위에 있어서 천천히 느리게 읽는다고 정보를 잘 받아들일 수 있는 것은 아니다. 한 번에 이해되는 의미 단위로 끊어 빠른 속도로 읽어야 이해력을 높일 수 있다. 앞 단계에서 했듯이 눈에 들어오는 의미 단위만큼 빗금을 치면서 끊어 읽는 훈련을 반복하면 단위시간에 받아들이는 정보의 양을 최대로 끌어올릴 수 있다. 수능이 끝나고 온라인에서 후기를 검색해보면 국어 비문학 파트 지문이 길어서 시간 내에 못 풀었다는 수험생의 글이 많이 올라온다. 평소 이렇게 의미 단위로 빨리 읽고 이해하는 훈련을 해두면 수능에서도 그 효과를 볼 수 있다.

　세부 내용은 글의 중심 내용을 뒷받침한다. 예시를 들거나 비교·대조하거나 인용하거나 부연 설명을 하는 문장이 여기에 속한다.

세부 내용을 효과적으로 찾는 첫 번째 방법은 밑줄 긋기다. 밑줄을 그을 때는 중요한 내용만 간추려 긋는다. 꾸미는 말이나 문장의 의미에 영향이 없는 단어는 삭제한다.

아이와 함께 해보기

다음의 읽기 자료를 아이와 함께 의미 단위로 끊어 읽고 이어지는 질문에 답해보자.

③ 언어의 역사성

사회적 약속으로 굳어진 말들도 시간이 흐르면서 조금씩 변한다. 예를 들어 백百을 뜻하는 '온'이나 천千을 뜻하는 '즈믄'은 오늘날에는 거의 쓰지 않는다. 또 '어리다'라는 말은 '어리석다'라는 뜻에서 오늘날에는 '나이가 적다'라는 뜻으로 바뀌었다. 그뿐만 아니라 '컴퓨터, 공정 무역, 누리꾼'처럼 새로운 사물이나 개념이 나타나면 그에 맞는 새말이 만들어지기도 한다. 이와 같이 시간의 흐름에 따라 언어가 변해 가는 특성을 언어의 역사성이라고 한다.

√ 언어의 역사성을 보여주는 예를 더 찾아보자.
· 사라진 말:
· 뜻이 변한 말:
· 새로 생긴 말:

④ 언어의 창조성

사람들은 말을 할 때 이미 알고 있는 낱말이나 같은 문장만을 반복하지 않는다. 앞에서 살펴보았듯이 새로운 물건이나 개념이 생기면 그에 맞는 새로운 낱말을 만들어 내기도 하고, 이미 알고 있는 낱말을 활용하여 상황에 맞게 새로운 문장을 만들어 사용하기도 한다. 이처럼 새로운 낱말이나 문장을 끊임없이 만들어 낼 수 있는 특성을 언어의 창조성이라고 한다.

√ '바람'이라는 낱말을 활용하여 다음과 같이 새로운 문장들을 만들 수 있는 까닭을 말해 보자.

· 바람이 분다. 당신이 좋다.

· 바람은 왜 등 뒤에서 불어오는가?

· 내 손은 바람을 그려요.

박수진·박상희·박채영, 「언어의 본질」,

『중학교 국어 1-2』 3. 생각을 나누는 삶(비상교육, 2017)

1. 몇 개의 문단으로 구성돼 있는가?

2. 각 문단의 중심 내용과 세부 내용은?

　　③ 중심 내용:

　　　　세부 내용:

　　④ 중심 내용:

세부 내용:

3. 주제는?

4. 글의 제목은?

세부 내용 찾기도 중심 내용 찾기처럼 빠르게 빗금을 치며 읽는다. 몇 개의 문단으로 이뤄져 있는지 보고 중심 내용에는 밑줄을 긋는다. 위의 글은 2개의 문단으로 돼 있다. 중심 문장이 앞에 있는지 뒤에 있는지 확인해 문단의 형식을 파악한다.

이를 토대로 질문에 답해보면 다음과 같다.

1. **몇 개의 문단으로 구성돼 있는가?** 2문단

2. **각 문단의 중심 내용과 세부 내용은?**

③ **중심 내용:** 언어는 역사성을 갖고 있다.

세부 내용: 사라진 말-온(백), 즈믄(천)

뜻이 변한 말-어리석다 → 나이가 적다

새로 생긴 말-컴퓨터, 공정 무역, 누리꾼

▶ 예시를 들어서 세부 내용을 제시했다.

④ **중심 내용:** 언어는 창조성을 갖고 있다.

세부 내용: 새로운 물건이나 개념이 생기면 새로운 낱말을 만들어낸다.

알고 있는 낱말을 활용해 상황에 맞게 새로운 문장을 만들어 사용한다.

▶ 원인과 결과로 세부 내용을 전개했다.

3. 주제는? 언어는 역사성과 창조성을 갖고 있다.

4. 글의 제목은? 언어의 본질

3단계 글의 구조 이해하기

글의 구조를 이해하기 위해서는 표나 그림을 활용한다. 주된 방법으로는 '이야기 요소표 만들기'와 '유형 도표 만들기'가 있다.

• 이야기 요소표 만들기: 동화나 소설의 구조를 이해할 때 쓰는 방법이 '이야기 요소표 만들기'다. 이야기는 '인물, 사건, 배경'의 3요소로 구성된다. 한 편의 동화를 읽으면서 '이야기 요소표'에 해당하는 내용들을 써 넣으면 글의 구조를 잘 이해할 수 있다. 이를 위해 논문 「학습자 활동 중심의 소설지도 방안 연구」를 참고로 '문학 지도'를 변형해 '문학 지도 그래픽 조직자'를 만들었다.

먼저 문학 지도Literature Map 는 소설의 인물, 배경, 사건, 갈등을 중심으로 구성에 초점을 맞춰 분석해보는 활동이다. 문학 지도를 활용하면 아이들의 다양한 생각과 반응을 수용해 감상 폭을 넓힐 수 있다.

그래픽 조직자Graphic Organizer 는 글의 내용 간 관계를 그림이나 표 등으로 한눈에 알아볼 수 있게끔 명료하게 나타낸 것을 말한다. 도해 조직자라고 하기도 하며 글을 분석하거나 문학작품을 감상할 때 많이 쓰인다. 그래픽 조직자는 글의 전체적인 구조를 이해하는 데 유용하게 쓸 수 있다. 대표적인 그래픽 조직자로는 마인드맵, 인물망, 의미지도 그리기 등이 있다.

그래픽 조직자를 그릴 때는 상위 개념을 하위 개념보다 큰 범주어로 그린다. 하위 범주에는 상위 개념보다 작은 단어나 명제를 세부적으로 쓴다. 글의 짜임에 따라 다양한 모양으로 그래픽 조직자를 만들 수 있으며 만들기도 쉬워서 아이들이 재미있게 할 수 있다.

문학 지도 그래픽 조직자의 활동 단계는 다음과 같다.

1. '문학 지도 그래픽 조직자'는 공책을 4등분이나 그 이상의 부분으로 나눠 각 부분에 이름을 붙여 조직한다(인물, 배경, 사건, 갈등, 부제, 상징 등을 포함하며 교사가 표를 만들어주거나 아이들 스스로 공책에 써도 된다).
2. 동화나 소설을 읽으면서 각 부분에 해당하는 정보를 단어나 문장 등으로 간략하게 적는다. 모든 정보를 다 기록하는 것이 아니라 중요하다고 생각되거나 흥미로운 부분을 기록한다.
3. 개별 '문학 지도 그래픽 조직자'가 완성됐으면 보완할 부분이 있는지 점검해 수정하도록 한다.

문학 지도 그래픽 조직자를 채워 넣으려면 아이들은 더욱 집중해 글을 읽어야 한다. 그 과정에서 중요하거나 재미있는 정보를 걸러내는 눈도 기를 수 있다. 또 사고의 폭이 확장돼 글을 쓰는 데도 도움이 된다.

다음 읽기 자료는 '펜'을 '프린들'이라고 부르는 사건을 통해 새로운 말이 생성되고 변화하는 과정을 흥미롭게 보여주는 단편소설 「프린들 주세요_{Frindle}」에 관한 내용이다. 작가 앤드루 클레먼츠_{Andrew Clements}가 프린들 이야기를 처음 떠올린 것은 로드아일랜드의 한 학교에서 받은 질문 때문이었다. "단어는 어떻게 생기는 건가요?"라는 학생의 질문을 받는 순간 '만일 어떤 아이가 펜을 프린들이라고 부르기로 한다면 무슨 일이 일어날까?' 하는 생각을 하게 됐다는 것이다.

주인공 니콜라스 앨런(닉)은 누구보다 기발한 생각을 하는 창의적인 아이로 때로는 수업을 방해하기도 한다. 닉을 가르치는 로렐라이 그레인저 선생님은 국어를 담당하는 선생님답게 역사와 전통을 사랑해 사전을 숭배하는 선생님이다. 일주일 동안 암기할 낱말을 35개나 내주고 그것도 성에 차지 않아 '오늘의 낱말'까지 써 놓는다.

선생님과 낱말에 대한 이야기를 하다가 닉은 누가 그 이름을 정했냐고 질문을 한다. "네가 그런 거야 니콜라스"라는 말을 듣고는 닉은 '펜'이라는 낱말 대신 '프린들'이라는 말을 쓰기 시작한다. 친구들까지 합세해 유행하게 만든다. "질서와 권위 세력의 옹호자 로렐라이 그레인저 선생님은 어린 프린들 용사 수백 명과 전쟁"을 벌이게 된다. 프린들이라는 새로운 단어는 문구점에도 펜 대신 쓰이고 학교 밖까지 소문이 나서 지역 신문에 소개되기에 이른다. 실제로 프린들은 국어사전에 임시로 만든 신조어로 등록되고 기사 덕분에 전국의 어린이들은 물론 어른들까지 쓰게 된다.

닉의 승리로 이야기가 끝나는 듯하지만 그레인저 선생님은 그저 기존의 단어만 지키려는 사람이 아니었다. 오히려 선생님은 "해가 뜨는 것을 지켜볼 수는 있지만 그것을 늦추거나 막거나 거꾸로 되돌릴 수는 없는 법"이라고 인식한다. "총명한 학생들이 고리타분한 교실에서 배운 생각을 받아들여 그것을 세상 속에서 실제로 실험하는 모습을 지켜보는" 새로운 기회로 삼아 프린들이 퍼져 나가도록 뒤에서 돕는 역할을 한다.

그레인저 선생님은 닉이 기존의 단어에 새로운 단어가 생기는 변화의 과정을 체험하도록 오랫동안 악역을 자처하고 그에 따른 물밑 지원을 아끼지 않는다.

10년이 지난 후 닉 앞으로 그레인저 선생님이 보낸 소포에는 최신 개정판 웹스터 대학사전, 사전 표지 위의 쪽지, 흰 봉투 이렇게 세 가지가 들어 있었다. 흰 봉투는 5학년 때 그레인저 선생님 교실에서 닉이 썼던 거였다.

사전 541쪽 왼쪽 아랫부분에 이렇게 쓰여 있었다.

프린들[명] 잉크로 글씨를 쓰거나 표시를 하는 데 쓰는 도구 [임의로 만든 신조어: 1987년 미국의 니콜라스 앨런이 처음 쓴 말 → (참)펜]

소포에는 그레인저 선생님이 아끼던 만년필이 들어 있었는데 만년필 뚜껑에 '프린들'이라고 적힌 종이가 꽂혀 있었다.

한 달 뒤 그레인저 선생님 문 앞에 상자가 배달된다. 선생님의 제자가 '로렐라이 그레인저 장학금'으로 백만 달러를 기부했다는 교육감이 보낸 축하 편지였다. 상자 안에는 파란 벨벳의 길쭉한 통이 들어 있었다.

이 물건은 로렐라이 그레인저 선생님 것이며,

선생님이 어떤 이름으로 부르셔도 좋습니다.

사랑을 담아서 니콜라스 앨런 드림

「프린들 주세요」는 '닉'의 새로운 말 만들기라는 주제를 담아 새로운 말이 생성하고 변화하는 과정을 흥미롭게 보여줬다.

박수진·박상희·박채영, 「언어의 본질」,
『중학교 국어 1-2』 3. 생각을 나누는 삶(비상교육, 2017)

다음에 이어지는 표는 「프린들 주세요」 원문을 읽고 문학 지도 그래픽 조직자를 만들어본 것이다. 아이와 함께 소설이나 동화 한 편을 정해 읽은 다음 이 같은 형식으로 문학 그래픽 조직자를 만들어 보자. 교과서에 실린 작품으로 연습하면 예습 또는 복습 방법으로 활용할 수 있고 시험 대비까지 저절로 되는 셈이다.

	인물의 특성	배경/사건
닉	1. 기발한 생각을 하고 그 생각을 실천에 옮기는 링컨 초등학교 5학년생이다. 2. '펜' 대신 '프린들'이라는 낱말을 쓰기 시작하고 친구들한테도 전파할 정도로 실천력이 강하다. 결국 프린들이 최신 개정판 웹스터 사전에 오른다.	1. 닉은 펜을 프린들이라고 부르고, 가게에서 친구들이 펜을 프린들이라고 하고, '자넷'이 가게에서 프린들을 달라고 하자 아주머니는 자연스럽게 펜의 색깔을 물어본다. 2. 지역 신문에 소개되고 결국 프린들이 사전에 오르게 된다.
그레인저 선생님	1. 국어 선생님으로 역사와 전통을 강조하고 사전을 숭배한다. 2. 일주일 동안 외울 낱말을 35개나 주고 '오늘의 낱말'까지 써놓을 정도로 언어와 책읽기의 중요성을 깨우쳐주려고 노력한다. 언어, 문법, 규율, 전통을 중시한다. 3. 프린들에 맞서 싸우는 악역을 자처하지만 실제로는 프린들이 퍼져나가도록 돕는다.	1. 닉이 새로운 단어가 생기는 변화의 과정을 체험하도록 닉에게 자극을 준다. 2. 프린들 문제가 너무 커져서 학교를 혼란에 몰아넣고 있으니 계획을 그만두라고 한다. 3. 10년이 지난 후 닉에게 프린들이 실린 사전을 선물한다.

	갈등/해소를 의미하는 구절	책을 읽고 나서 질문
갈등	"'프린들' 문제가 너무 커진 것 같지 않니? 내 생각엔 학교를 혼란에 몰아넣고 있는 것 같은데 말이야." "언론의 자유와 학문의 규칙에 대한 논쟁을 불러일으킨 이 사건은 바로 닉 앨런이 꾸며낸 것이라고 모두들 입을 모은다. 닉은 새 낱말 '프린들'을 만들어낸 장본인이다."	1. 닉이 펜을 프린들이라는 이름으로 바꿀 수 있겠다고 생각하게 만든 사람은 누구일까? - 그레인저 선생님이다. "낱말의 이름을 누가 정할 수 있나요?"라고 닉이 질문했을 때 "네가 그런 거야 니콜라스"라고 대답해준다(이유가 있는 것이 아니라 그냥 이름을 붙인 것이다. 언어의 자의성). 2. 닉이 펜을 보고 프린들이라는 새로운 낱말을 만들어낸 사건에서 알 수 있는 것은 무엇인가? - 사람은 새로운 낱말을 만들어 쓸 수 있다. 언어의 이런 특성을 언어의 창조성이라고 한다.
해소	"사람은 해가 뜨는 것을 지켜볼 수는 있지만 그것을 늦추거나 막거나 거꾸로 되돌릴 수는 없는 법이다. 하지만 나는 그러려고 했지. 프린들이라는 낱말은 세상에 태어난 지 3주도 안 됐어. 난 이제 이것이야말로 교사로서 소망하고 꿈꿔온 기회라는 사실을 깨달았다. 총명한 학생들이 고리타분한 교실에서 배운 생각을 받아들여 그것을 세상 속에서 실제로 실현하는 모습을 지켜보는 기회인 거야. 솔직히 말해서 나는 그 실험이 어떤 결과를 낳을지 가슴을 설레며 지켜보고 있다. 그걸 지켜보기 위해 지금 이 자리에 있는 거야."	3. 왜 그레인저 선생님은 닉에게 펜의 이름을 프린들로 바꾸는 계획을 그만두라고 했을까? - 언어는 사회 구성원과의 약속이어서 닉처럼 마음대로 개인이 단어를 바꿔 쓰면 의사소통에 문제가 생김은 물론 사회를 혼란스럽게 할 수도 있어서다. 즉, 언어의 사회성 때문이다. 4. 깃털이란 뜻의 라틴어인 '피나'가 펜으로, 펜이 프린들로 바뀌는 과정을 통해 알 수 있는 언어의 특성은 무엇인가? - 언어의 역사성에 의해 약속으로 굳어진 말도 시간의 흐름에 따라 바뀔 수 있다는 것을 알 수 있다.

• 유형 도표 만들기: 글의 구조를 이해하는 두 번째 방법인 '유형 도표 만들기'는 주로 설명문이나 논설문에 사용하는 설명 방식으로 '비교−대조 구조표 만들기'와 '원인−결과 구조표 만들기'가 있다.

먼저 '비교−대조 구조표 만들기'에서 '비교'는 두 대상의 공통점이나 비슷한 점을 찾는 것이다. 반면 '대조'는 두 대상의 차이점을 찾는 것이다. 즉, 비교와 대조를 잘하려면 공통점과 차이점을 찾아야 하는데 그러기 위해서는 두 대상을 자세히 관찰해야 한다.

비교하는 문장에는 '∼는 ∼와 비슷하다', '∼처럼 ∼하다' 같은 식의 표지가 있다. 차이점을 알려주는 단서로는 '∼인 데 비해', '그러나∼'가 문장에 들어 있다. 대부분의 글은 비교나 대조 중 어느 하나의 구조로 돼 있기보다는 비교와 대조를 모두 사용하는 경우가 많다.

다음으로 '원인−결과 구조표 만들기'는 어떤 일의 원인이나 결과를 설명하는 것을 말한다. 인과관계가 있는 정보들이 제시돼 있을 때 그 정보를 바탕으로 원인이나 결과의 내용을 추론한다.

인과관계 정보를 제시하는 문장에는 '∼(하)면 ∼(이)다', '∼(ㄹ)수록 ∼(ㄴ)다', '∼에 따라 ∼(하)다', 비례·반비례 관계를 나타내는 표지어 등이 있다.

아이와 함께 해보기

다음 읽기 자료는 《동아사이언스》 2016년 6월 호에 실린 〈우리는 왜 간지럼을 느낄까〉 기사의 일부다. 아이와 함께 기사를 읽고 비교−대조 구조표와 원인−결과 구조표를 만들어보자.

근질근질 가려움, 키득키득 간지럼

어떤 물체가 살에 닿아 가볍게 스치면 간지러운 느낌 때문에 가
만히 있기 어렵지요. 이처럼 견디기 어렵게 간지러운 느낌은 두
가지로 나누어 볼 수 있습니다. 하나는 '외부 자극에 의한 가려
움Knismesis'이고, 또 다른 하나는 이 글에서 주의 깊게 살펴볼 '웃
음이 나는 간지럼Gargalesis'입니다. 이 둘은 어떻게 다를까요?

비교-대조 구조표

	가려움	간지럼
비교(공통점)	물체가 살에 닿아 스칠 때의 느낌	
대조(차이점)	외부 자극에 의한 것	촉각만으로 웃음이 나는 것

왜 간지럼을 타게 됐을까

왜 가려움을 느끼게 되었는지는 설명하기 쉽습니다. 가벼운 자극
이라도 문지르거나 긁는 반응을 해야 곤충이나 기생충같이 몸에
해로운 것을 일차적으로 막을 수 있기 때문입니다. 하지만 간지럼
은 다릅니다. 간지럼을 타지 않는다고 해서 살아가는 데 크게 불
편한 점은 없어 보입니다.

진화적으로 간지럼을 타게 된 이유를 찾을 수 있을까요? 먼저 서
로 간에 친밀해지는 작용을 한다는 해석이 있습니다. 가벼운 접
촉을 통해서 부모 자식 사이에, 형제간에 유대감을 증진한다는

것이지요. 그런데 왜 하필 고통스러운 방법으로 유대감을 증진하는지는 의문으로 남습니다. 그래서 두 번째로 등장한 해석이 방어 능력을 학습한다는 것입니다. 우리가 쉽게 간지럼을 타는 신체 부위는 사람의 약점이기도 합니다. 목, 겨드랑이, 옆구리 등이 바로 그런 부위이지요. 어릴 때부터 부모가 아이의 취약점을 가볍게 건드리면서 아이는 자연스럽게 자신의 신체 중 어디가 약한지를 알고, 방어하는 방법을 깨닫게 된다는 것입니다.

이 두 가지를 엮어서 설명하면 조금 자연스러워집니다. 한 심리학 교수는 "간지럼을 태우면서 서로 유대감을 끈끈하게 하는 동시에, 취약한 부분의 방어를 학습하게 하는 것"으로 간지럼의 진화를 설명했습니다.

원인-결과 구조표

가려움	
원인	곤충이나 기생충같이 몸에 해로운 것을 일차적으로 막기 위해서
결과	가벼운 자극에도 문지르거나 긁는 반응을 하게 됐다.
간지럼	
원인	유대감을 끈끈히 하고 취약한 부분의 방어 능력을 학습하기 위해서
결과	간지럼을 타게 됐다.

4단계 요약하기

우리는 읽고 보고 들은 것을 모두 기억할 수 없다. 오히려 그걸 다 기억하는 사람은 '과잉기억증후군'이라는 일종의 기억장애를 앓는다고 한다. 그래서 핵심 내용, 가장 중요하고 중심이 되는 내용을 추려내는 '요약하기'가 필요하다. 요약하며 글을 읽거나 이야기를 들으면 전체 내용을 오래 기억할 수 있다. 또 요약을 잘하는 사람은 책도 잘 읽어낼 뿐만 아니라 공부도 잘할 수 있다. 공부한 내용을 쉽게, 오래 기억하니 당연한 결과다. 뿐만 아니라 각 대학마다 입학 논술 시험 문제로 가장 먼저 나오는 것이 제시문 읽고 요약하기일 정도이니 요약하는 법을 잘 익혀두면 두고두고 유용하게 쓸 수 있다.

요약하기 방법에는 중심 내용이 분명하게 드러나는 문장을 찾는 '선택하기', 덜 중요하거나 반복되는 내용 또는 예시로 든 내용, 필요 없는 내용을 지우는 '삭제하기', 구체적이고 개별적인 내용을 그것을 포괄하는 상위 개념으로 바꾸는 '일반화하기', 중심 문장이 나타나지 않았을 때 글에 제시된 내용을 바탕으로 중심 문장을 새로 만드는 '재구성하기' 등이 있다.

요약하기를 잘하려면 먼저 '중심어'를 찾는 것이 좋다. 글에서 가장 중요한 것을 나타내는 단어를 중심어라고 한다. 흔히 중심어는 글에 반복적으로 나타나게 되므로 그 단어를 찾으면 된다. 때로는 같은 단어가 아니라 성질이 비슷한 단어가 반복돼 나오기도 하는데 이럴 때는 '일반화하기' 방법을 활용해 그 단어들의 상위 개념을 찾으

선택하기	중심 내용이 분명하게 드러나는 중심 문장 찾기
삭제하기	반복되거나 덜 중요하거나 예시로 든 내용, 필요 없는 내용 지우기
일반화하기	구체적이고 개별적인 내용을 그것을 포괄하는 상위 개념으로 바꾸기
재구성하기	중심 문장이 나타나 있지 않을 때 제시된 내용을 토대로 새로운 중심 문장 만들기

기 본 기 UP

면 된다. 예를 들어 사과, 배, 바나나, 딸기, 포도에 관해 말하는 글이 있다면 이들 단어 모두를 포괄하는 상위어 '과일'이 중심어가 되는 것이다.

언어는 말소리에 뜻을 담아 의사를 전달하는 대표적인 의사소통 수단이다. 그런데 어떤 말소리와 뜻이 반드시 그렇게 연결되어야 한다는 원칙이나 법칙은 없다. 즉, 말소리와 뜻은 필연적으로 연결된 관계가 아니라는 말이다. 그래서 은하수, 밀키웨이 Milky Way, 갤럭시 Galaxy처럼 같은 뜻을 나타내더라도 말소리는 다르게 나타나는 것이다. 이처럼 말소리와 뜻이 필연적으로 연결되지 않고 마음대로 연결되는 특성을 언어의 자의성이라고 한다.

박수진·박상희·박채영, 「언어의 본질」,
『중학교 국어 1-2』3. 생각을 나누는 삶(비상교육, 2017)

앞의 읽기 자료를 살펴보면 '언어', '말소리', '뜻', '필연적'이라는 단어가 반복적으로 쓰였다. 마지막 문장에는 '언어의 자의성'이라는 글의 주제가 드러나 있다. 이를 토대로 글의 내용을 요약해보면 다음과 같다.

> 언어에는 말소리와 뜻 사이에 필연적인 관계가 없는 자의성이라는 특성이 있다.

다양한 분야의 책을 많이 읽고 교과서를 정독하면 문해력이 느는 것은 당연한 이치다. 하지만 호흡이 긴 글이나 교과서를 잘 읽지 못하는 아이들에게 무작정 책을 읽히려고 하면 아이들도, 부모나 교사도 힘들다. 이럴 때 아이들의 문해력을 향상시키기 위해 쓰는 방법이 바로 신문 사설 요약하기다. 사설은 보통 800~1,400자 이내 분량으로 짧게 쓰이기 때문에 긴 글을 읽기 힘들어하는 아이들도 잘 읽을 수 있다.

사설을 읽으면서 각 문단별로 주제문을 찾아서 쓰게 한다. 중심 문장을 찾았으면 그 문장을 뒷받침하는 문장에 밑줄을 긋는다. 중심 문장과 근거 문장을 엮으면 한 편의 훌륭한 요약문이 된다.

사설을 읽다가 모르는 단어가 있으면 사전을 찾아 정확한 뜻을 알게 해야 한다. 대부분의 아이들이 모르는 단어가 하나도 없다면서 그냥 넘어가려고 한다. 또 어려운 단어, 예를 들어 '규명'이라는 단어로 짧은 글을 쓰라고 하면 '나는 오늘 사전에서 규명을 찾았다', '규명

진순희 NIE 따라잡기 - 社說 바로 읽기

1. 단락별 소주제문 쓰기

[조선일보사설-2020-05-09] -다시 코로나 집단 감염 발생. 국방부 군인까지

① 코로나 환자가 수도권에서 무더기 발생했다. 두 명의 환자가 다녀간 서울 이태원 일대 클럽은 종업원만 70여명에 방문객은 확인된 사람만 1500명 넘는다고 한다. 어제까지 확인된 새 확진자 19명이다. 이 집단 감염이 특별한 2일은 정부가 생활 속 거리두기로 방역 강도를 완화하기 시작한 뒤다. 이태원 유흥 클럽은 대부분 지하에 위치해 환기가 잘 안 되는 데다 사람이 밀집해 감염이 이뤄지기 쉽다. 그런데도 환자가 클럽 안에서 마스크를 벗고 클럽 측도 이를 방치했다고 한다. 확진 판정을 받은 사람 중에 국방부 근무 군인도 있다. 이 군인은 내부 규정을 어기고 유흥 클럽을 다녀와 증상이 나타난 6일에도 국방부로 출근했다. 만에 하나 국방부가 감염지가 되면 어떻게 할 건가.

소주제문: 코로나 확진자가 수도권에서 무더기 발생했다. 생활 속 거리 두기로 방역강도를 완화하기 시작한 뒤였다.

② 국내 코로나 확진자 1만여명 가운데 1023명은 감염 경로가 아직 규명되지 않았다. 방역 당국은 66번 환자처럼 지표도 방역 통제망을 벗어난 감염 사례가 계속 발생하고 있다. 언제, 어디서 복잡하던 지역 감염 사례가 나타날지 알 수 없는 상황이다. 코로나 대응 모범국으로 꼽히던 싱가포르는 섣부른 계획, 외국인 노동자 방역 소홀 등이 겹치면서 확진자가 2만명으로 늘었다. 백신이나 치료제가 나오기 전까지는 방심하는 순간 실패국으로 전락할 수 있다.

소주제문: 국내 코로나 확진자 1만여명 가운데 1023명은 감염 경로가 아직 규명되지 않았다.

주제 따라잡기

다시 코로나 집단 감염이 발생하였다. 치료제가 나오기 전까진 방심하면 안된다.

2. 모르는 어휘 찾고 그 어휘를 활용해 짧은 글을 지어보자.

1) 특별: 재촉하여 내게 함
그 말은 무엇인가 촉박한 소식이 있었다.

2) 완화: 느슨하게 나아가다
남북간의 긴장은 완화했다.

4) 규명: 어떤 사실을 자세히 따져서 바로 밝힘
생물체의 진화 과정을 규명한다.

5) 방심: 마음을 다 잡지 않고서 푹어 놓아 버림
적은 우리의 방심을 틈타 기습해 올지도 모른다.

3. 내 생각 쓰기 (주장·근거를 들어 10줄 이상 쓰기)

- 집단감염 사례가 늘고 있으므로 이제껏 거든지 마스크를 꼭 끼고 다니며 사람이 많은 곳을 가지 않도록 조심해야 겠다. 66번 확진자를 보며 개인의 행동이 사회에 큰 영향을 줄 수 있단 생각한다.

4) 필사하고(마지막 단락) 요약하기

필사: 국내 코로나 확진자 1만여명 가운데 1023명은 아직 감염경로가 아직 규명되지 않았다. 혹은 66번 환자처럼 지표도 방역 통제망을 벗어난 감염 사례가 계속 발생하고 있다. 언제, 어디서 또 반복적인 지역 감염 사례가 나타날지 알 수 없는 상황이다. 코로나 대응 모범국으로 손꼽히던 싱가포르는 섣부른 계획이라 외국인 노동자 방역 소홀 등이 겹치면서 확진자가 2만명으로 늘렸다. 백신이나 치료제가 나오기 전까지는 방심하는 순간 실패국으로 전락할 수 있다.

요약: 거리두기로, 방역 강도를 완화하기 적전 다시 코로나 환자 수도권에서 무더기로 발생하였다. 심지어 국방부 군인까지 있다. 국내 코로나 확진자가 1만여명 가운데 10% 정도는 아직 감염 경로가 규명되지 않았다. 싱가포르 사례를 거울 삼아 백신이나 치료제 나오기 전까지는 방심해선 안된다.

기본기 UP

을 규명해보자' 이런 식으로 써버린다. 이렇게 하지 말고 영어 사전의 예문을 암기하듯이 국어사전의 예문을 그대로 써서 고급 문장에 노출되게 하는 것이 좋다.

끝으로 사설의 마지막 단락은 반드시 베껴 쓰게 한다. 보통 사설 마지막에는 논설 주간의 주장이 담겨 있어 글의 요지를 정확하게 파악할 수 있기 때문이다.

앞의 자료는 실제 수업에서 사설 요약하기를 해본 것이다. 단락별로 각각의 소주제문을 쓰고 모르는 단어를 찾은 다음 주장과 근거를 들어 자신의 생각을 쓰게 했다. 최종 단계로 마지막 문장을 필사하고 요약하기를 했다.

5단계 추론하기

국어사전에서 '추론'의 뜻을 찾아보면 '미루어 생각하여 논함' 또는 '어떠한 판단을 근거로 삼아 다른 판단을 이끌어냄'이라고 설명돼 있다. 이런 사전적 정의에서 알 수 있듯이 추론은 자신의 생각을 쓰는 것이 아니다. 지문을 읽고 그 내용에서 근거를 찾아내 객관적으로 생각하고 사고를 확장해나가는 것이다.

추론하기를 잘하려면 글쓴이의 의도나 목적을 잘 아는 것이 중요한데 이는 글의 종류와 밀접한 관련이 있다. 예를 들어 전자제품이나 내복약 등의 사용설명서처럼 설명하는 글은 정보 전달이 목적이고 신문 사설이나 논설문 같은 주장하는 글은 설득이 목적이다. 읽기 자료와 관련된 자신의 경험이나 배경지식을 적용해보거나 글에 나오는 장면을 머릿속에 이미지로 그려보는 것, 글의 내용에 관해 스스로 질문하고 답을 찾아가며 읽는 것도 추론을 잘하는 데 도움이 된다.

아이들의 추론 능력을 높이기 위해 자주 사용하는 방법 중 하나는 단어 추론하기다. 글을 읽을 때 모르는 단어가 나오면 그 단어의 뜻을 국어사전에서 찾기 전에 글의 앞뒤 문맥을 통해 어떤 의미일지 생각해보게 한다. 자신이 생각한 뜻을 적고 난 뒤 사전을 찾아 본래 뜻을 확인하면 어휘력과 추론 능력이 모두 향상되고 자연히 학습 능력도 좋아진다.

추론하며 읽기에는 글에서 생략된 내용 추론하기, 이어질 내용 추론하기, 숨겨진 의도 추론하기 등이 있다.

• 생략된 내용 추론하기: 추론에 능숙한 독자는 자기의 배경지식과 함께 글에 사용된 담화 표지나 글의 문맥 등을 종합적으로 활용한다. 가장 쉬운 방법은 문장과 문장 사이에 생략된 숨은 내용을 찾는 것이다.

또 늦었네. 새벽같이 온다더니.

이 문장을 읽는 사람은 '새벽'이라는 시간적 배경지식과 반복되는 행위를 나타낼 때 쓰는 담화 표지 '또'를 바탕으로 문장의 객체가 이전에도 늦은 적이 있다는 사실을 추론해낼 수 있다.

- 이어질 내용 추론하기: 앞의 내용으로 미뤄 다음에 올 내용을 짐작하는 것을 말한다. 다음은 2020년 5월 9일 〈중앙일보〉에 실린 '[장혜수의 카운터어택] 자세를 낮춰야 하는 이유'라는 제목의 기사다.

> ① 캐릭터계의 대세 펭수를 보면 늘 마음 한쪽이 불안하다. 저러다가 넘어지지 않을까 싶어서다. 최근 공개된 유튜브(자이언트펭tv) 에피소드에서 펭수가 그네타기에 도전했다. 아니나 다를까. 머리가 뒤쪽으로 넘어가면서 하마터면 떨어질 뻔했다. 뒤집힌 건 무게중심 때문이다. 물체는 무게중심이 낮을수록 안정적이다. 반대로 높으면 불안정하다. 머리가 몸통만큼 큰 펭수는 무게중심이 높다. 그래서 뒤집혔다. 펭수를 볼 때 느낀 불안도 여기에 기인한다.

첫 문장에서 펭수를 보면 불안하다고 언급한 후 펭수의 무게중심에 관한 이야기를 이어간다. 물체는 무게중심이 낮아야 안정적인데 펭수는 무게중심이 높아서 그네에서 떨어질 뻔했다고 다시 한 번 불안한 마음을 내비친다. 그다음에는 무게중심에 관한 이야기가 이어질 것임을 짐작할 수 있다.

② 스포츠에서 무게중심은 중요한 문제다. 씨름, 레슬링, 유도 등 격투기 선수는 상대와 맞설 때 엉덩이를 뒤로 빼고 몸을 낮춘다. 무게중심이 높으면 바닥을 지지하는 힘이 떨어진다. 균형이 무너져 상대에게 쉽게 밀리거나 넘어진다. 배구선수도 리시브 때 무릎을 굽혀 몸을 코트 바닥에 밀착한다. 무게중심이 낮아야 안정성과 순발력이 커진다. 그래야 날아오는 공에 재빨리 반응할 수 있다. 농구선수도 골 밑에서 몸싸움할 때 자세를 낮춘다. 격투기처럼, 밀리지 않는 가장 좋은 방법은 무게중심을 낮추는 거다. 탁구선수도 상대 서브나 공격을 기다릴 때 몸을 웅크려 무게중심을 낮춘다. 배구선수의 리시브 때와 같은 원리다. 서핑과 보드(스노보드, 스케이트보드) 선수도 보드 위에서 무릎을 굽혀 몸을 낮춘다. 무게중심을 낮춰서 안정성을 높이는 거다. 그렇지 않으면 그네 위의 펭수가 된다.

• 숨겨진 의도 추론하기: 독자는 글쓴이가 일부러 자신의 의도를 숨겨놓거나 아니면 의도적으로 반영한 사회·문화 이념을 판단하며 읽어야 한다. 다음은 2020년 11월 23일 〈한겨레〉에 실린 '돌봄교실은 교육이 아니라는 학교에'라는 제목의 칼럼 중 일부다.

지난 6일 전국의 초등학교 돌봄교사(돌봄전담사)들은 현재 국회에서 추진 중인 '온종일돌봄체계 운영·지원에 관한 특별법안' 폐기를 요구하면서 1차 파업을 진행했으며, 다시 2차 파업을 준비 중이다. 온종일돌봄법의 핵심은 돌봄교실 운영 권한을 지방자치단체로 이관하는 것이다.

이 문제는 2004년 초등학교 내에 돌봄교실이 도입된 이후 전국의 시도교육청에서 초등교사를 중심으로 한 학교관계자·교육청 쪽과 학부모·돌봄교사 쪽이 첨예하게 대립해온 해묵은 논쟁이다. 초등돌봄교실의 지자체 이관을 주장하는 이들의 핵심논리는 '돌봄교실(돌봄)이 학교가 담당해야 할 교육의 영역이 아니라는 것'이다. 보육의 영역이므로 학교가 아닌 지자체로 이관되어야 하며 당연히 교사들의 관리감독 및 행정업무는 부당한 것이 된다. 실제 학교에서 만난 상당수 초등교사는 왜 학교에서 보육을 담당해야 하냐며 분통을 터뜨렸고, 심지어 필자가 만난 한 교사는 돌봄교실을 신청한 학부모에게 일일이 전화해 지역아동센터로 전환시킨 사례를 자랑하기도 했다. 담임교사의 강권으로 돌봄교실을 포기한 학부모의 심정과 일자리를 잃게 된 돌봄교사의 눈물은 안중에도 없었다. (중략)

이 칼럼은 초등돌봄교실의 운영 권한을 지자체로 이관하는 것이 옳은가 그른가에 대한 논쟁을 다루고 있다. 글쓴이가 어떤 입장을 지지하는지 알 수 있는 부분은 마지막 문장이다. '담임교사의 강권으로 돌봄교실을 포기한 학부모의 눈물은 안중에도 없었다'라고 씀으로써 자신이 만난 교사가 학부모의 사정은 아랑곳하지 않았음을 비난하는 태도를 보인다. 즉, 돌봄교사를 전문성 있는 동료로 인정하지 않으려는 학교 관계자와 교육청을 비판하려는 의도의 글인 것이다.

그런데 지금도 학교에서는 돌봄교실이 교육이 아니니 학교 밖으로 나가라거나 학교 안에 있더라도 다른 곳에서 운영하라고 주장한다. 도서관, 급식실 등이 차례차례 학교의 역할로 통합되었는데 왜 유독 돌봄교실만 교육이 아니라고 끝까지 거부하는 것일까? 심지어 돌봄교실은 학교가 시행하는 각종 사업 중 매년 가장 높은 학부모 만족도 결과를 보여주고 있는데도 말이다.

(생략)

하지만 돌봄은 진정한 의미의 교육이다. 학교 수업 이후에 돌봄이 필요한 초등학생들은 학교 내 공간에서 교사의 보호와 교육을 받을 수 있다. 학생들은 집 대신 돌봄교실을 이용하면서 책가방을 내려놓고 간식도 먹고 친구들과 놀거나 숙제를 할 수도 있다. 편안한 환경 구성과 애정 어린 상호작용으로 가정과 같은 편안함을 제공하고 놀이 또는 다양한 프로그램을 운영하면서 보육의 기능과 교육적 기능을 통합적으로 제공한다. (중략)

문해력을 높이는 읽기 훈련법

이어지는 3단계는 앞에서 소개한 9가지 읽기 전략 중 마지막 3가지 '읽기 방법 달리하기', '점검하기', '비판적 읽기'를 읽기 훈련법으로 활용한 것이다. 공부를 위한 글뿐 아니라 평소 읽을거리가 있을 때 다음의 읽기 방법을 활용해 글을 읽는 훈련을 하면 문해력을 높이는 데 도움이 된다.

1단계 읽기 방법 달리하기

글을 읽을 때는 읽는 목적이나 상황에 따라 글 읽는 방법을 달리해야 한다. 똑같은 신문을 보더라도 시간을 보내기 위해 심심풀이로 읽을 때와 토론 대회나 논술 대비를 위해 읽을 때 읽는 방법이 다를 수밖에 없다. 시간이나 장소에 따라서도 읽는 방법이 달라진다.

읽기 방법은 여러 가지가 있지만 중학생 수준에서는 건너뛰며 읽기와 훑어 읽기, 정밀하게 읽기 등을 주로 활용한다.

• 건너뛰며 읽기: 건너뛰며 읽기는 말 그대로 중간중간 내용을 건너뛰며 읽는 것으로 많은 양의 글을 짧은 시간 안에 읽어야 할 때 활용한다. 건너뛰며 읽기와 미리보기는 다르다. 미리보기가 책을 읽기 전 내용을 대충 알아보기 위한 읽기 방법이라면 건너뛰며 읽기는 글의 내용과 형식, 글쓴이가 말하고자 하는 주제, 독자의 배경지식과 관련한 정보를 얻기 위해 읽는 것이다. 사설이나 가벼운 책을 읽을 때처럼 읽는 이가 원하는 정보를 빠르게 얻고 싶을 때도 건너뛰며 읽기를 사용한다. 이미 읽은 글을 다시 한 번 살펴볼 때도, 책을 세세하게 읽을 것인지, 대충 읽을 것인지 결정할 때도 활용할 수 있다.

건너뛰며 읽을 때는 글의 첫머리와 끝머리를 반드시 읽는다. 그러고서 문단 단위 또는 문장 단위로 건너뛰며 읽는다. 중심 문장 다음에 '예를 들면', '바꾸어 말하면', '말하자면', '즉'과 같은 표현이 나오면 그다음 내용은 안 읽어도 괜찮다. 시험을 하루 앞두고 교과서의 시험 범위를 처음부터 끝까지 다시 한 번 읽어볼 때 활용하면 좋다. 필요한 정보를 빨리 찾기 위한 방법이므로 글 전체를 한눈에 볼 수 있어야 한다.

• 훑어 읽기: 훑어 읽기는 중요한 내용만 파악하며 읽는 것으로 짧은 시간 동안 글의 전체적인 내용을 대략적으로 살펴보려고 할 때 주로 활용한다. 자세한 내용은 잘 모르더라도 중요한 내용이 무엇인지 어느 정도는 알아야 할 때 유용하다. 무엇에 관한 글인지, 글의 중심 단어는 무엇인지 등을 파악해둔다.

건너뛰며 읽기와 마찬가지로 글의 첫머리와 끝머리는 반드시 읽는다. 다음으로 글의 화제와 중심 내용을 찾아 중심 내용과 직접 관련된 부분을 중심으로 읽는다. 예시와 부연 설명하는 문장은 생략하고 읽는 것이 좋다. 자주 반복되는 단어나 구가 있다면 표시를 해둔다. 내용에 그림이나 도표가 있을 때는 그에 해당하는 부분도 살펴본다.

훑어 읽기 방식은 목적에 따라 미리 훑어 읽기 preview skimming, 개요 훑어 읽기 overview skimming, 다시 훑어 읽기 review skimming 의 3가지로 나뉜다. 미리 훑어 읽기는 나중에 자료를 다시 읽을 계획이 있을 때 먼저 읽는 것이고 개요 훑어 읽기는 나중에 다시 읽을 의도 없이 내용의 개요를 얻는 것을 말한다. 다시 훑어 읽기는 이미 읽은 자료의 특정 정보를 찾을 때나 빈칸을 채우려고 할 때 다시 읽는 것을 지칭한다.

• 정밀하게 읽기: 시간적으로 여유가 있고 적은 분량을 깊이 있게 읽어야 할 때, 또 내용을 자세히 알아야 할 때 쓰는 읽기 방법이다. 과학 책 또는 비문학 독서 지문처럼 내용이 어려운 글을 읽거나 글을 쓰기 위해 참고 자료를 읽을 때 주로 활용한다.

읽기 자료의 각 문단마다 중요하게 강조하는 내용을 놓치지 않고 읽는다. 관련된 예시, 부연 설명 등도 주의 깊게 읽는다. 중요한 내용은 밑줄을 긋거나 간단히 메모를 하며 읽어 내려간다. 가능하면 색깔이 있는 펜으로 표시를 한다. 모르는 어휘는 관련 있는 문장이나 지시어 등을 통해 추론하며 읽도록 한다. 꼼꼼하고 치밀하게 읽기 때문에 시간이 많이 걸리긴 하지만 글의 내용을 정확하게 파악할 수 있다는 이점이 있다.

정밀하게 읽기는 특히 학습과 밀접한 관련이 있다. 후다닥 읽고 빨리 문제를 푸는 습관이 들면 고등학교에 진학해 학습 내용이 어려워지고 분량도 많아졌을 때 어려움을 겪을 수 있다. 미리 정밀하게 읽는 독서 습관을 들이는 것이 좋다.

2단계 점검하며 읽기

글을 읽을 때는 무턱대고 읽는 것이 아니라 내가 읽고 있는 내용을 잘 이해하고 있는지 읽는 중간 또는 읽은 다음 확인하는 과정이 필요하다. 자신이 뭘 알고 뭘 모르는지 아는 '메타인지'를 활용한 읽기 방법이 바로 점검하며 읽기다.

만약 내가 읽고 있는 글을 이해하지 못하고 있다면 다음 질문을 통해 점검해본다. '이해하지 못하는 원인은 무엇인가?', '집중해서 글을 읽고 있는가, 딴생각을 하며 읽고 있는가?', '중심 내용을 생각하며 읽고 있는가?', '목적에 따라 계획한 대로 읽고 있는가?' 등이다.

점검하며 읽기 방법으로는 목표 설정하고 계획하며 읽기, 자기평가하며 읽기 등이 있다.

• 목표 설정하고 계획하며 읽기: 먼저 이 글을 읽음으로써 무엇을 얻을 것인지 목표를 정한다. 그리고 글을 읽기 전에 '책을 꼼꼼하게 정독할 것인가, 대략적으로 훑어 읽을 것인가?', '며칠에 나눠 읽을 것인가, 한 번에 다 읽을 것인가?', '나눠 읽는다면 며칠 동안, 하루에 얼마큼씩 읽을 것인가?' 등의 계획을 세운다. 글을 읽어나가면서 처음 정한 목표와 계획을 달성하고 있는지 모니터링한다.

• 자기평가하며 읽기: 글을 정확하게 이해하며 잘 읽고 있는지 아니면 이해하지 못하고 있는지 스스로 평가하며 읽는다. 잘 읽고 있다면 '잘하고 있어, 계속 이대로 열심히 읽어야지' 하고 스스로를 격려해준다. 반대로 잘못 읽고 있다면 '무슨 말인지 통 모르겠는데. 글쓴이의 의도를 생각하며 다시 읽어봐야겠어' 하는 식으로 흐트러진 집중력을 다스린다.

3단계 비판하며 읽기

'비판'이란 객관적 근거를 바탕으로 내용에 대해 논리적으로 판단하는 사고 과정이다. 각각의 글에는 글을 쓴 사람의 생각과 가치관이 반영돼 있다. 따라서 독자는 글쓴이의 의견이나 글의 내용을 그대로 수용하는 것이 아니라 글의 타당성과 공정성, 자료의 신뢰성과 적절성 등을 판단하며 비판적 자세로 글을 읽어야 한다.

비판하며 읽기를 잘하기 위해서는 첫째, 글쓴이에 관한 정보를 수집한다. 글쓴이는 신뢰할 만한 사람인지, 글쓴이가 숨긴 의도는 무엇인지 등을 판단하며 읽으면 주체성을 갖고 글을 읽어낼 수 있다.

둘째, 글의 내용이 신뢰할 만한지, 주장에 신빙성이 있는지 꼼꼼히 따져가며 읽는다. 예를 들어 우리 회사의 약은 경쟁사 약보다 약효가 뛰어나다고 주장하는 글이 있다면 실제로 복용했을 때의 효과를 나타낸 수치가 정확한지 등을 자세히 살피고 관련 자료를 토대로 점검해본다. 또 글의 주제나 내용이 편파적이지 않고 공정한지, 인용된 자료가 있다면 그 자료가 글의 내용에 적합하고 적절한지 등을 판단해본다.

셋째, 나와 다른 관점에서 생각해본다. 글을 읽을 때 다른 입장에서 바라보는 것이 중요한 이유는 사고의 유연성을 기를 수 있기 때문이다. 예를 들어 농림축산식품부는 2022년부터 반려동물 보유세나 부담금 또는 동물 복지기금을 도입하는 방안을 검토하고 있다. 유기동물 수가 증가하면서 사회적 비용도 늘어나고 있어 보유세로 그 비용을 충당하겠다는 취지다. 이에 대해 반려동물을 키우는 반려인 사이에서도 의견이 나뉜다. 반려인의 책임감을 위해 필요한 부득이한 조치라는 찬성 의견과 세금을 내지 않으려고 동물을 유기하는 사람이 늘어나 사회적 비용만 더 커질 거라는 반대 의견이 그것이다.

세금보다는 반려동물 등록제를 활성화하고 동물을 유기하거나 학대한 경우 처벌을 강화하는 등 반려인의 책임감을 배양하는 조치가 우선돼야 한다는 주장도 있다. 이렇게 갈등이 첨예한 이슈에 대해 내 의견을 뒷받침할 근거는 물론 나와 반대되는 의견까지 알고 있다면 문제를 바라보는 시야가 넓어지고 주장에 설득력을 더할 수 있다.

*

지금까지 문해력을 높이기 위한 읽기 전략과 훈련법을 살펴봤다. 평소에 각 단계별로 꾸준히 실천한다면 문해력이 눈에 띄게 향상되고 학습 기본기가 탄탄히 다져질 것이다. 읽기에 어느 정도 자신감이 붙었다면 이제 스스로 공부하는 태도를 강화하기 위한 메타인지 학습법을 익혀보자.

공부 비타민 ③
읽기의 달인이 되는 법:
어휘 학습

어휘력은 공부를 잘하느냐 못하느냐를 결정하는 중요한 역량이다. 실제로 학부모 상담 내용의 80% 이상이 어휘력과 관련돼 있다.

"우리 애는 책을 안 읽어서 그런지 어휘력이 부족해요. 그 나이 또래들이 다 알 법한 단어도 몰라서 저한테 물어보면 답답하다 못해 한심하다니까요."

문해력을 높이기 위해서라도 반드시 어휘력은 갖추고 있어야 한다. 아이들의 어휘력을 높이기 위한 방법으로 낱말지도법과 의미지도법을 추천한다.

낱말지도법

낱말지도법은 하나의 낱말에 관한 질문의 답을 찾아 지도를 그리는 방법이다. '이것은 무엇인가?', '이것은 무엇과 비슷한가?', '이것의 예에는 어떤 것들이 있는가?'와 같은 질문에 대한 답을 찾으면서 어휘력을 기를 수 있다.

세계의 기후는 기온과 강수 특성에 따라 다양하게 분포하며, 이에 따라 여러 지역으로 구분한다. 세계의 기후는 적도에서 부터 극지방으로 가면서 열대 기후, 온대 기후, 냉대 기후, 한대 기후 순으로 나타난다.

최병천, 「세계의 다양한 기후」, 『중학교 사회 ①』
II. 우리와 다른 기후, 다른 생활(비상교육, 2017)

위의 자료를 바탕으로 낱말지도를 그려보자. 먼저 무엇에 관한 글인지 중심어가 되는 낱말부터 말해보게 한다. 글의 '화제'를 찾아냈으면 그 화제와 비슷하거나 같은 낱말이 더 있는지 질문한다. 이때 가능하면 많은 단어를 이끌어내는 것이 중요하다.

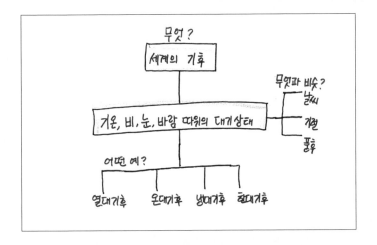

사전에서 단어를 찾을 때는 비슷한 말이나 반대말도 적어놓는
다. 또 찾아낸 낱말과 관련된 다른 예가 있는지 그 화제와 관련
된 사례를 써보게 한다.

1. 글의 화제: 세계의 기후

2. '기후'란 무엇인가? 기온, 비, 눈, 바람 따위의 대기 상태

3. '기후'는 무엇과 비슷한가?: 날씨, 기절, 풍후

4. '세계의 기후'의 예는 무엇인가?: 열대 기후, 온대 기후, 냉대 기후, 한대 기후

의미지도법

의미지도법은 자유연상으로 어휘를 확장하는 방법이다. 일단 주어진 읽기 자료에서 중심 어휘를 찾고 거기에서 연상되는 어휘를 적는다. 그런 다음 관련 있는 어휘끼리 묶어 범주화한다. 뜻이 비슷한 유의어, 뜻이 반대되는 반의어, 장소, 사람 떠오르는 장면 등을 활용해 짧은 글짓기도 해본다. A4 1매 분량의 초미니 소설로 나뭇잎 1장에 다 적을 수 있다는 뜻에서 '엽편 소설'이라고도 하는 '미니 픽션'을 써보는 것도 좋다. 다음은 '웃음'이라는 어휘로 의미지도를 그려본 것이다.

1. '웃음'이라는 낱말을 보고 생각나는 낱말 모두 써보기
: 웃음, 실소, 미소, 비웃음, 폭소, 조롱, 축하, 파티, 엄마, 친구, 개그맨, 기쁨, 만족

2. 의미지도 만들기

비슷한 뜻의 낱말
웃음소리, 뭇웃음, 코웃음,
헛웃음, 폭소, 냉소, 조소,
파안대소, 의지, 기쁨

반대되는 뜻의 낱말
슬픔, 걱정, 시름,
수심, 염려, 우려

사람
개그맨, 부모님, 친구,
경비 아저씨

물건
원숭이 인형,
카카오 프렌즈의 라이언,
두더지 잡기, 배를 누르면
혓바닥 내미는 인형,
고등어 인형

떠오르는 장면, 느낌
얄미운 친구가
넘어지는 장면-상쾌함
일진 아이가 선생님한테
혼날 때-통쾌함
한강 둔치를 자전거 타고
달릴 때-시원함

때, 장소
가족이랑 밥 먹을 때,
한강 둔치, 이모네 가족이랑
가평으로 글램핑 갔을 때,
시험 100점 맞았을 때,
카카오택시 블랙 탔을 때

3. 위에서 사용한 낱말을 이용해 짧은 글짓기

– 이모네 가족이랑 글램핑 갔을 때 엄마가 가장 많이 웃으셨다.

LEVEL
4

스스로 공부하는
메타인지 강화하기

상위 1%의 비밀, 메타인지

 2010년 방송된 EBS 다큐프라임 〈학교란 무엇인가〉에서는 전국 모의고사 성적이 상위 0.1%인 학생과 평균에 속하는 학생 사이에 어떤 차이점이 있는지 알아보기 위해 실험을 진행했다. 실험 내용은 간단했다. 정해진 시간 동안 25개의 단어를 보고 암기하라는 것이었다. 사실 이 실험의 목적은 학생들이 얼마나 많은 양의 단어를 암기하느냐를 보는 것이 아니라 자신이 모르는 단어를 얼마나 정확하게 인지하고 있는지 알아보기 위한 것이었다.

 놀랍게도 최상위권 학생은 자신이 예상한 모르는 단어 개수와 실제로 모르는 단어 개수가 일치했다. 하지만 평균적인 학생은 2~6개 정도 차이가 났다. 예상 점수에 대한 과잉확신을 보인 것이다. 정작

두 집단 아이들의 기억력에는 큰 차이가 없었다. 즉, 이들의 차이점은 흔히 예상하는 지능지수나 가정환경, 높은 수준의 사교육이 아니었다. 바로 '메타인지meta-cognition'에 있었다. 성적이 최상위권인 학생들은 이 메타인지 능력이 탁월했다.

메타인지는 자기주도학습의 열쇠

1976년 메타인지라는 용어를 가장 먼저 사용한 미국 발달심리학자 존 플라벨John H. Flavell은 메타인지를 '인지 과정에 관한 지식'으로 정의했다. 현재 메타인지는 '인지에 대한 인지' 또는 '사고에 대한 사고'라는 의미로 사용되며 '상위인지', '초인지'라고도 한다. 간단히 말하자면 자신이 아는 것과 모르는 것을 자각하는 분별력을 뜻한다.

학습자의 메타인지 능력이 학업 성취도에 영향을 주는 주요 요인이라는 사실은 그간 많은 선행 연구를 통해 밝혀졌다. KBS 〈시사기획 창〉 '공부에 대한 공부' 편에 출연한 네덜란드 라이덴대학교 마르셀 베엔만Marcel Veenman 교수에 따르면 지능지수는 성적의 25%만 설명할 뿐이지만 메타인지는 성적의 40%를 결정한다고 한다.

> 아이들에게 메타인지 기술들을 익히게 하는 것은 평생 들고 다닐 수 있는 연장통을 선물해주는 것과 같습니다. 높은 점수도 중요하지만 평생 도움이 될 만한 전략과 기술을 갖추게 해야 아이

들에게 더 큰 이득이 된다는 것입니다. 단순히 지금 당장 좋은 대학에 보내는 것보다 중요합니다.

공부를 하는 데 메타인지 능력이 얼마나 중요한지를 증명하는 사례는 또 있다. 메타인지 연구자인 콜롬비아대학교 리사 손_{Lisa Son} 교수는 아주대학교 심리학과 연구 팀과 함께 하늘고등학교 1학년 학생을 대상으로 비교 실험을 진행했다. 먼저 학생들에게 단어쌍을 읽고 외우게 한 뒤 한 번은 다시 읽게 하고(재학습) 다른 한 번은 셀프테스트를 보게 했다. 그리고 자신이 몇 점을 받을 것 같은지 예상 점수를 적어 내라고 했다. 학생들은 셀프테스트를 했을 때보다 재학습했을 때 예상 점수를 더 높게 적어 냈다. 하지만 시험을 본 결과 셀프테스트를 하고 난 후의 점수가 재학습만 했을 때보다 10점이나 더 높게 나타났다. 셀프테스트를 통해 자신이 아는지 모르는지 점검하는 메타인지 과정을 거친 것만으로 점수 상승효과가 있었던 것이다.

그런데 막상 현장에서 아이들을 가르치다 보면 아이들은 셀프테스트보다 재학습을 선호한다. 손 교수에 따르면 학생들은 셀프테스트 과정에서 문제를 맞히지 못했을 때 받는 스트레스를 회피한다고 한다. 실제로 아이들은 알고 있다고 착각해서, 공부를 다시 하는 게 더 쉽고 잘된다는 생각이 들어서 재학습을 고집한다. 이 모두가 스스로 학습 능력을 정확히 인지하는 메타인지 능력이 부족해 일어나는 현상이다.

메타인지에는 자신의 현재 위치와 수준을 파악할 수 있는 자기평가와 그에 따른 학습 전략을 수립하고 실행하는 자기조절 능력이 수반된다. 공부 좀 한다고 소문난 아이들을 보면 이 2가지를 잘 활용한다. 즉, 자신의 공부법에 어떤 문제가 있는지 찾아내고 보완 전략까지도 세우는 메타인지 능력이야말로 학업 성취도를 높이는 자기주도학습의 핵심인 것이다.

자기주도학습의 구성 요소

자기주도학습은 크게 인지전략, 동기전략, 행동전략으로 구분된다. 많은 연구자들이 자기주도학습 능력을 기르는 데 이 3가지 하위 전략을 활용한다.

• 인지전략: 인지전략은 학습과제를 이해하는 '인지 조절전략'과 자신의 인지 과정을 점검하고 통제하는 '메타인지 조절전략'으로 나눠지며 각각이 다시 하위 요소로 세분화된다.

먼저 인지 조절을 강화하는 프로그램으로는 '시연', '조직화', '정교화' 등이 있다. '시연'은 학습한 내용을 반복하는 전략으로 중요 내용 기억하기, 소리 내어 말하기 등의 방법이 있다. 소리 내어 말하기는 아이들이 많이 활용하는 방법이다. 자기 자신이 선생님이 돼서 학생에게 가르치듯 설명한다. 인형을 앞에 두고 친구에게 알려주듯이 말하기도 하는데 효과가 매우 좋다.

'조직화'는 관련 있는 정보끼리 묶어서 기억하는 전략으로 정보를 얻고 저장하는 대표적인 방법인 '조합'을 활용한다. 조직화 전략으로는 개념도 작성하기, 중요한 아이디어 표로 표현하기 등이 있다. 특히 상위 개념과 하위 개념을 분류하고 위계화하는 개념도 작성하기는 수업 현장에서 가장 많이 사용된다.

'정교화'는 학습해야 할 내용 전체의 뼈대를 파악한 후 세부 사항을 학습하는 것으로 노트 작성하기, 질문하고 답하기를 활용한다.

다음으로 메타인지 조절을 강화하는 프로그램으로는 학습 전략을 선택하는 '계획하기'와 내용을 이해했는지 확인하는 '점검하기', 점검한 사항을 조절하고 수정하는 '수정하기'가 있다.

이 같은 인지전략은 최근 자기주도학습 능력을 키우는 데 중요하게 다뤄지고 있는 만큼 뒤에서 좀 더 구체적으로 소개하겠다.

• 동기전략: 말 그대로 학습하는 이유나 목적을 명확히 알고 지속하는 능력을 말한다. 앞에서도 강조했지만 어떤 일의 동기는 자기결정으로 생겨나며 동기의 근원에는 행동의 결과에 대한 기대와 예측이 전제돼 있다. 다시 말해 내가 공부를 했을 때 어떤 결과가 기대되는지에 따라 동기가 부여되기도 하고 반대로 사라지기도 한다. 대표적인 동기전략에는 '목표지향성'과 '자기효능감', '내재적 성취 가치' 등이 있다.

'목표지향성'이란 새로운 지식이나 기능을 습득해 과제를 해결하고자 하는 경향성을 말한다. 목표지향성을 키워주려면 아이 스스로 꿈과 비전을 갖도록 도와줘야 한다. 공부의 필요성을 자각해야 자기 주도적인 학습이 가능하기 때문이다. 목표지향성이 높아지면 성적 또한 향상된다.

'자기효능감'은 캐나다 심리학자 알버트 반두라_Albert Bandura_가 소개한 개념으로 스스로 주어진 과제를 성공적으로 수행할 수 있다고 믿는 기대와 신념을 말한다. 다시 말해 공부하고 있는 자신에 대한 믿음인 자기효능감은 공부를 잘할 수 있게 하는 원동력이자 주어진 상황을 극복하게 하는 힘이 된다. 반두라는 "실제 그 일을 수행할 수 있는 능력보다 능력이 있는가 없는가에 대한 개인의 신념이 그 일을 실제로 실행해내는 데 더 중요한 영향을 미친다"고 말하기도 했다. 자기효능감을 키우기 위해서는 비록 작더라도 자주 성공 경험을 가져야 한다. 다른 사람이 성공하는 것을 보는 것도 중요한데 한번 해볼 만하겠다는 대리 경험을 통해 자기효능감이 증가하기 때문이다. 또 부모나 교사가 아이의 성공에 대해 큰 확신을 가질수록 아이가 성공적으로 해낼 가능성이 높아진다고 한다. 반면 심리적으로 실패에 대한 두려움과 성공해야 한다는 중압감을 가지면 자기효능감이 저하될 수 있으므로 두려움을 최소화해야 한다.

'내재적 성취 가치'는 학습 과정이나 결과가 유용한 정도를 의미하는 것으로 과제의 목적이나 중요성에 대한 가치를 말한다. 내재적 성취 가치가 높으면 공부하는 내용이 재밌고 중요하다는 생각이 들어 스스로 공부하고자 하는 욕구가 생긴다. 이런 가치를 키우기 위해서는 아이 스스로 학습을 계획하고 목표를 설정하도록 도와야 한다.

- 행동전략: 스스로 행동을 통제해 공부를 습관화하고 학습을 지속하게 하는 능력이다. '행동 통제하기', '도움 구하기', '시간 관리하기' 등이 포함된다.

'행동 통제하기'는 학습 습관 유지를 위해 자신의 행동을 조절하는 것으로 방해 요소를 차단함으로써 공부에 집중하게 한다.

'도움 구하기'는 공부를 하다가 이해하기 어려운 내용이 있거나 어떻게 공부해야 할지 모르겠을 때 그 안내를 주변의 전문가나 교수자, 또래 집단 등에 요청하는 것이다.

'시간 관리하기'는 주어진 시간을 잘 활용하는 전략으로 이를 잘하기 위해서는 '오늘 한 일', '일주일 동안 한 일' 등을 30분 또는 1시간 단위로 적어봄으로써 시간을 점검해봐야 한다. 매주, 매일의 목표를 설정하되 지킬 수 있는 만큼의 계획을 세운다.

메타인지를 활용한 학습법

여기까지 소개한 내용이 조금 딱딱하게 느껴졌을지도 모르지만 모두 공부에 효과가 있는 학습법으로 웬만큼 공부를 한다는 학생들은 이미 활용하고 있는 방법들이다. 이 중에서도 최근 들어 많은 사람이 주목하고 있는 것이 인지전략의 두 번째 하위 요소인 '메타인지 조절전략'이다. 앞서 간단히 살펴본 것처럼 메타인지 조절 강화 프로그램은 크게 '계획하기', '점검하기', '수정하기'로 구분되며 학습하는 동안 이 사이클을 반복하게 된다. 이 3가지를 어떻게 학습에 적용할 수 있는지 지금부터 자세히 살펴보자.

계획하기

　계획하기는 학습하기 전 스스로 공부의 방향성을 설정하는 것이다. 주어진 과목의 특성과 목적을 바탕으로 어느 정도의 시간을 들여 공부할지, 어떤 공부 전략을 선택할지 미리 검토해보고 질문해보고 예측해보는 모든 활동을 말한다. 이를 세부적으로 살펴보면 '학습목표 설정하기', '학습경로 제시하기', '학습과제 목차 훑어보기' 등으로 나눌 수 있다.

　• 학습목표 설정하기: 학습목표를 설정할 때는 '최소한 이것만큼은 달성하겠다'는 현실적인 목표와 가장 이루고 싶은 이상적인 목표, 이렇게 2중으로 목표를 세워 실현 가능성을 높인다. 비록 가장 원하는 바는 아닐지라도 최소한의 목표를 달성하면 계획을 지키지 못했을 때의 좌절감도 피할 수 있다. 목표를 설정할 때는 반드시 시간제한을 둬야 한다. 언제까지, 어떻게 목표를 달성할 것인지 구체적으로 정한다.

　• 학습경로 제시하기: 학습경로를 제시할 때 다음의 순서로 하면 효과적이다. 먼저 교과서를 읽고 수업 시간에 필기한 노트를 복습한다. 자습서를 읽고 평가문제집을 푼다. 더 필요할 경우 인터넷강의를 듣고 해당 범위를 마인드맵으로 정리하며 복습한다.

• 학습과제 목차 훑어보기: 계획하기 단계 중 학습에 바로 직결되는 중요한 단계다. 목차는 책 전체를 요약해 정리해놓은 뼈대로 책에서 가장 중요한 부분이다. '공부의신' 강성태 대표도 목차만 오리거나 복사해 옆에 두고 공부했다고 말할 정도다. 목차를 훑어봄으로써 학습할 내용의 전체 그림을 그려볼 수 있고 공부할 목표를 설정할 때나 계획을 세울 때 기준으로 삼을 수 있다.

점검하기

학습 과정과 결과에 대해 판단을 내리는 단계다. '계획하기' 단계에서 세웠던 전략을 제대로 활용하고 있는지, 다른 전략을 써야 하는지 등과 같은 부분을 스스로 점검한다.

점검하기 방법에는 '성찰일지 작성하기', '질문 제시하기', '학습 상황 기록하기' 등이 있다. 학습 상황을 기록할 때는 '학습기록장'을 만들어두고 공부한 내용과 시간을 구체적으로 적는다. 이를테면 교과서 한 단원을 공부하는 데 몇 분, 문제집 30문제를 푸는 데 몇 분, 이런 식으로 세세하게 적어놓는다. 그러면 자신의 학습 능력을 정확하게 측정할 수 있으므로 적절한 계획을 세울 수 있다. 특히 자기평가를 할 수 있는 성찰일지(공부 일기) 작성은 꼭 강조하고 싶은 부분이다. 성찰일지는 아이가 잘했을 때 자만심에 빠지지 않도록 하고 못했을 때는 반성을 통해 다음번에 잘해내도록 격려하는 역할을 한다.

수정하기

메타인지 조절전략의 마지막 단계로 점검한 내용을 토대로 전략을 수정한다. 과제를 제대로 하고 있는지 이해 수준을 확인하며 다시 한 번 새롭게 결과를 예측해보고 다시 읽어보기를 통해 공부한 내용을 명료하게 정리한다.

수정하기 방법에는 '체크리스트 제공하기', '복습활동 촉진하기', '과제 재검토하기' 등이 쓰인다. 특히 복습활동이 중요한데 바둑 실력을 향상시키고 싶다면 복기를 충실히 하라는 말이 있듯이 취약한 부분은 자주자주 복습해 실력으로 이어지게 해야 한다.

메타인지 조절전략

메타인지 조절전략	계획하기	학습목표 설정하기, 학습경로 제시하기, 학습과제 목차 훑어보기
	점검하기	성찰일지 작성하기, 질문 제시하기, 학습 상황 기록하기
	수정하기	체크리스트 제공하기, 복습활동 촉진하기, 과제 재검토하기

메타인지를 향상시키는 학습법

자기주도학습을 성공적으로 해내기 위해서는 메타인지 조절전략과 함께 인지 조절전략을 적절히 구사해야 한다. 교육심리학자 데이비드 오스벨David Ausubel 은 "학습 내용이 조직화되면 학습 효과가 극대화된다"고 말하기도 했다. 주어진 과제를 조직화·정교화하는 인지활동이 없으면 성공적인 학습 결과를 기대하기 힘들다. 다시 말해 학습 효과를 높이는 메타인지를 강화하는 학습법이 인지 조절전략인 셈이다. 여기에서는 인지 조절전략 중 앞서 소개한 '조직화'와 '정교화'의 구체적인 방법을 살펴보려고 한다.

조직화하기

'조직화'는 개념을 체계적으로 정리하는 과정을 통해 학습 내용을 기억할 확률을 높여준다. 조직화를 잘하는 데는 개념도_{concept map}를 작성하는 활동이 도움이 된다. 개념도는 지식을 시각적인 표로 나타내는 기법으로 코넬대학교 조셉 노박_{Joseph D. Novak} 교수와 그 동료들이 고안했다. 개념 간 유의미한 상호관계를 그린 일종의 지도라고 생각하면 된다.

실제로 수업 현장에서 아이들에게 개념도를 그리게 하면 읽기 자료를 꼼꼼히 읽게 돼 내용을 더 잘 이해한다. 특히 암기 과목을 공부할 때 효과가 좋다.

개념도를 그리는 첫 단계는 '개념 고르기'다. 개념 간 관계를 파악해 핵심 개념과 부수적 개념을 고른다. 전체를 포괄하는 개념과 구체적인 개념 모두 해당한다. 다음은 '개념 열거하기'로 개념 고르기에서 추려낸 포괄적 개념은 상위에, 구체적 개념은 하위에 배열한다. 세 번째 단계는 '연결하기'로 개념 간 관계를 선으로 연결한다. 마지막 단계는 '연결어 쓰기'로 개념 간 관계를 단어나 문장으로 적는다.

이 같은 개념도의 종류에는 '위계적 개념도', '범주적 개념도', '인과적 개념도' 등이 있다.

• 위계적 개념도: 개념을 상위 개념과 하위 개념으로 구분해 위계적으로 그린 것을 '위계적 개념도'라고 한다. 상위 개념은 위에, 하

위 개념은 아래에 놓는다. 아래는 중학교 2학년 『역사 ①』에서 '사료'에 대한 위계적 개념도를 학생이 직접 그린 것이다. 이 학생은 '사료'의 하위 개념으로 '기록'과 '유물'과 '유적'을 파악했음을 알 수 있다.

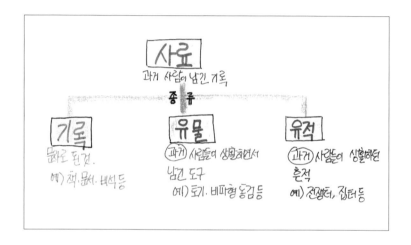

• 범주적 개념도: 개념을 영역별로 범주화한 것을 범주적 개념도라고 한다. 중심 개념을 가운데, 중심 개념과 관련된 내용은 주변에 놓는다. 다음은 역사 교과서 내용 중 일부를 발췌해 변형한 것이다.

'큰 강 유역'을 중심으로 농업 생산력이 높아졌다. '청동기가 사용'되면서 활발한 정복 활동이 일어났다. 강한 부족이 약한 부족을 정복해 여러 부족이 통합됐다. 그로 인해 도시가 생겨났다. 도시에서는 다양한 계층의 사람들이 여러 가지 물건을 생산했다. 생산한 물건을 가지고 다른 지역과 활발한 교류가 이어졌다. 부와 권력을 가진 지배자가 생겨났다. 지배자를 중심으로 통치 조직이 정비돼 국가가 생겨났다. 나라를 다스리고 교역하는 과정을 기록하기 위하여 '문자를 발명'했다. 문자를 발명하는 과정에서 '문명이 발생'했다.

아래는 이 내용을 바탕으로 중심에 '문명의 발생'을 놓고 '큰 강 유역', '청동기 사용', '계급의 발생', '문자의 발명'의 4개 영역으로 범주를 나눠 범주적 개념도를 그린 것이다.

범주적 개념도

큰강유역
관개농업 실시
생산력증가↑
인구 증가↑

계급발생
지배자 중심→통치조직 정비
→국가성립.
지배자: 제사&정치담당

문명의 발생

청동기 사용
정복활동→부족통합
→도시 발생

문자발명
나라다스리고 교역활동 기록.
→역사시대의 시작

• 인과적 개념도: 각 개념을 원인과 결과에 따라 구분해 그리는 것이 인과적 개념도다. 아래 예시는 신라의 삼국통일을 결과로 놓고 이와 관련된 역사적 사건을 인과적 개념도로 그려본 것이다.

━━━━━━━━ 인과적 개념도 ━━━━━━━━

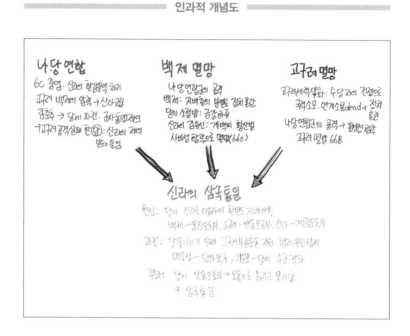

정교화하기

정교화하기는 학습 내용의 세부 사항을 구체적으로 파악하는 것이다. 크게 '노트 작성하기'와 '질문하고 답하기'가 있다.

• 노트 작성하기: MIT와 하버드대학교를 동시에 합격한 미스코리아 출신 금나나는 노트 필기만 잘해도 성적을 올릴 수 있다고 말한다. 뉴턴이나 아인슈타인과 같은 천재들도 필기를 열심히 해 창의적인 사고력을 키웠다는 것은 잘 알려진 사실이다.

노트는 용도에 따라 작성법이 조금씩 다르다. 수업 시간에 선생님의 설명이나 칠판에 필기된 내용을 옮겨 적는 일반적인 필기 노트, 시험공부를 위해 핵심만 요약하는 '정리 노트', 약점을 보완하기 위한 '허점 노트' 등이 있다.

먼저 수업 시간에 노트 필기를 하면 손으로 쓰면서 수업에 집중할 수 있다는 장점이 있다. 선생님의 부연 설명을 통해 교과서에는 없는 배경지식을 쌓을 수 있고 수업 내용을 명료하게 이해할 수 있다. 흔히 수업 시간에 하는 노트 필기는 선생님의 말을 그대로 받아 적는 것이라고 오해한다. 하지만 적극적인 노트 필기는 그대로 받아 적는 것이 아니라 자신의 말로 바꿔서 적는 것이다. 이를 위해서는 노트에 필기하기 전 먼저 그 단원의 학습목표와 차례를 훑어보는 것이 좋다. 복습하기 수월하도록 질문거리도 만들어 적어본다. 수업에 대한 인상이나 수업 태도 등도 간단하게 기록해두면 좋다. 이 과정을 통해 메타인지 능력도 좋아진다. 다만 필기에 집중해 수업 내용을 놓치거나 노트를 예쁘게 꾸미는 일에 지나치게 시간을 낭비하지 않도록 주의한다.

'정리 노트'에는 시험 범위 중 정말 중요한 내용만을 뽑아 요약해 정리한다. 늦어도 시험 보기 4~5일 전에는 작성하는 것이 좋다. 정리 노트를 작성하기 위해서는 핵심만 뽑아내야 하므로 자연스럽게 어느 부분이 중요한지 여러 번 생각하고 읽어보게 되고 노트를 작성하는 것 자체가 공부가 된다. 이렇게 정리 노트를 만들어두면 시험 보기 전 한번 훑어보는 데 시간도 많이 걸리지 않고 출제 비중이 높은 부분을 중점적으로 기억할 수 있어 시험 결과도 좋아진다.

'허점 노트'는 '오답 노트'라고도 하는데 자신이 가장 약한 부분만 따로 적어두고 복습함으로써 그 지식을 확실히 내 것으로 만들기 위한 용도의 노트다. 문제집을 풀고 나서 또는 시험을 보고 나서 틀린 문제를 허점 노트에 옮겨 적고 다시 풀어본다. 여백을 충분히 남겨두고 풀이 과정을 꼼꼼히 적으며 왜 틀렸는지 철저히 분석해 같은 유형의 문제는 다시 틀리지 않도록 한다. 새로운 문제집을 여러 권 푸는 것보다 한 권을 여러 번 풀면서 처음 풀 때 틀렸거나 손도 대지 못한 문제들을 체크하고 다시 푸는 과정에서 그 부분을 확실하게 알아두면 약점을 극복하는 데 도움이 된다.

• 질문하고 답하기: 정교화의 또 다른 방식으로 학습할 내용을 정밀하게 만들 때 활용한다. 먼저 질문거리를 만들어내기 위해서는 학습 내용을 잘 읽어내야 한다. 이때 쓰는 것이 점진적으로 공부하는 '줌 렌즈 방법'이다. 학습할 내용의 소제목을 외울 정도로 여러 번 읽는 다음 소제목의 부분별로 세분화한 내용을 공부하고 다시 전체를 학습하는 방식이다. 여기까지 했다면 평가문제집의 문제를 풀어보면서 공부한 내용이 어떤 식으로 출제되는지 문제 유형을 파악한

다. 그리고 나서 스스로 질문을 만들고 답을 말하는 과정을 거친다.

*

　여기까지 자기주도학습의 필수 요소인 메타인지 능력이 무엇인지, 메타인지를 어떻게 강화하는지 살펴봤다. 어느 정도 공부 기본기가 다져진 것 같다면 본격적으로 성적을 확실하게 올려줄 공부법을 익혀보자.

공부 비타민 ④
실수를 줄이는 법:
오답 노트 활용하기

만약 내 아이가 문제를 꼼꼼히 읽지 않아 문제를 틀리는 실수를 반복한다면 먼저 문제를 끊어서 읽는 훈련을 시킨다. 또 답만 찾고 끝내는 것이 아니라 정답의 근거가 제시문 어디에 있는지 찾아내 표시한다. 5개 항목 중 정답을 제외한 나머지 4개 항목은 왜 틀린지 그 이유를 각각의 보기 옆에 적어놓게 한다.

이렇게 훈련을 한 후에도 틀리는 문제가 있다면 오답 노트를 활용하자(만일 오답 개수가 4개 이상이라면 오답 노트를 만들기 전에 다시 개념 정리를 하고 암기하는 것이 좋다).

오답 노트를 만들 때는 먼저 문제를 오리거나 적고 정답을 표시한다. 그리고 'Why' 왜 틀렸는지, 예를 들어 '문제를 잘못 읽어서', '문제는 제대로 이해했는데 답을 체크할 때 실수해서', '잘 몰라서' 등의 이유를 적고 'How' 어떻게 해결할지 각각의 이유에 대한 근거를 적는다. 이때 교과서나 참고서의 해설을 꼼꼼히 읽고 나만의 언어로 정리한다. 여기까지 한 다음 해설을 다시 한번 읽는다.

수학 문제의 경우는 조건을 빠뜨리면 답이 달라지므로 문제를 그대로 옮겨 적고 여백에 풀이 과정을 상세하게 적는다. 풀이를 순서대로 적다 보면 과정을 이해하게 되고 개념 정리도 다시할 수 있어 계산 착오나 문제를 잘못 읽는 실수를 줄일 수 있다.

오답 노트를 만드는 목적은 다시 그 문제를 틀리지 않는 것이므로 노트를 만들고 끝내지 않고 반복적으로 봐야 효과가 나타난다. 중요하거나 난도가 높은 문제는 따로 표시해놓고 풀이 과정을 가리고도 똑같이 풀 수 있을 때까지 반복해서 풀어봐야한다.

마지막으로 오답 노트에는 내가 고른 틀린 답을 적지 않는다. 괜히 틀린 답까지 적어 기억에 혼란을 일으킬 필요가 없다. 정답만 적되 내가 왜 틀렸는지 설명을 자세하게 써두자.

오답 노트	
날짜:	과목:
출처(ex.평가문제집 ___쪽):	난이도: ☆☆☆☆☆

문제

Why:

How:

정답 및 해설

오답 노트	
날짜:	**과목:**
출처(ex.평가문제집 ___쪽):	**난이도:** ☆☆☆☆☆

문제

Why:

How:

정답 및 해설

STEP
3

[성적 UP]
최상위권으로 도약하는
핵심 전략

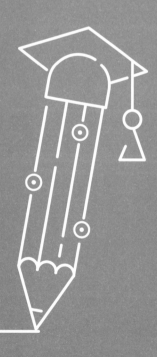

LEVEL
5

무조건 성적이 오르는
교과서 완전 정복

교과서 중심으로 공부했어요

인터넷과 스마트폰이 발달하기 이전에나 코로나19로 비대면 수업을 받아야 하는 요즘에나 변하지 않는 사실이 있다. 수능 만점자 또는 소위 명문대라 불리는 대학에 합격한 학생들을 인터뷰하며 특별한 공부 비결이 있는지 물어보면 뜻밖에도 '교과서 위주로 공부했다'는 말을 한다는 것이다. 이들이 비싼 과외를 받았거나 학원을 다녔을 거라 생각한 사람들은 이런 대답에 실망하거나 아예 그 말을 믿지 않기도 한다.

그러다 보니 교과서의 중요성을 아는 학생은 성적이 상위권인 아이들을 제외하고 그리 많지 않다. 중위권 학생들의 경우 교과서로 공부해야 한다는 것은 알고 있어도 막상 공부는 문제집 위주로 하고 하위권 학생들은 교과서의 중요성을 인지조차 하지 못하고 있는 실정이다.

하지만 교과서 위주로 공부했다는 간단한 문장에는 많은 함의가 담겨 있다. 앞에서 학업 성취도를 높이는 데 문해력의 중요성을 강조했듯이 공부를 잘하는 아이들은 교과서를 읽는 것부터 남다르다. 교과서를 읽으면서 위계화·조직화를 통해 스스로 내용을 정리하고 중요한 부분이 파악되면 그때 암기를 시작한다. 그러다 보니 암기하기도 쉽고 암기한 내용을 떠올리기도 쉽다. 당연히 시험 결과도 좋다. 또 교과서는 최고의 참고서라는 말도 있듯이 어휘 수나 독해 자료 수준이 학년에 따라 점진적으로 증가하기 때문에 지식을 체계적으로 습득할 수 있게 해준다. 요약·정리된 참고서 내용을 바로 암기하는 것보다 내용별·영역별로 연관성 있는 내용을 유기적으로 통합해둔 교과서를 먼저 읽으면 전체적인 흐름을 잡기도 편하다.

그렇다면 어떻게 교과서를 읽어야 교과서 내용을 완벽하게 내 것으로 만들 수 있을까?

단서를 찾아라

시험을 잘 보려면 출제자의 의도를 잘 알아야 한다. 교과서 읽기도 마찬가지다. 교과서를 쓴 사람의 의도를 알려주는 단서를 활용하며 읽으면 단 한 번을 읽어도 그 지식을 내 것으로 만들 수 있다.

이를테면 '제목'은 우리가 공부할 내용의 주제를 한마디로 요약해 보여준다. 각 단원이나 장의 첫머리에 나오는 '학습목표'는 무엇을 공부해야 하는지 그 범위의 기준을 잡아준다. 또 '학습활동'이나 '적용학습'은 교과서에서 배운 지식을 바탕으로 문제를 해결해보는 것으로 각 단원의 학습목표를 달성하지 못하면 제대로 수행할 수 없다. 학습활동 내용을 통해 시험문제가 어떻게 나올지도 예상이 가능하다. '정리'의 경우 단원이나 장이 끝날 때 그간 학습한 내용을 정리해주거나 심화 문제 형태로 제시된다.

교과서 속에 단서들이 어떤 식으로 숨겨져 있는지 파악했다면 공부의 목적을 확인한다. 일찍이 다산 정약용 선생은 "책을 읽을 때는 왜 읽는지 주견主見을 먼저 세운 뒤에" 읽으라고 했다. '주견'이란 자신의 주장이 있는 의견을 말한다. 즉, 목적의식을 갖고 읽으라는 뜻이다.

이를 토대로 교과서 읽는 방법을 정리해보면 다음과 같다. 먼저 제목을 중심으로 전체 구조를 기억하는 데 중점을 두고 교과서를 읽는다. 구조를 쉽게 기억하기 위해 개요, 학습 주안점, 학습정리, 중단원 마무리, 대단원 정리하기 등을 읽는다. 대부분의 교과서에는 중단원 마무리에 "내용 정리 쏙쏙" 등으로 내용이 정리돼 있어 읽은 내용을 한눈에 확인할 수 있다. 대단원 정리하기에서는 단답형·서술형 문제를 풀면서 배운 내용을 얼마나 이해했는지 스스로 점검할 수 있다.

교과서 구성 한눈에 보기

교과서를 읽을 때 교과서의 구성이 머릿속에 들어 있으면 교과서를 더 잘 활용할 수 있다. 출판사나 과목별로 차이는 있지만 대체로 흐름은 비슷하다. 국어나 역사, 사회 과목은 '단원 열기'로 도입하는데 이 단원을 왜 배우는지, 무엇을 배우는지 알아본다. '대단원 도입'을 그냥 '도입'으로 쓰든지 '들어가며'와 같은 용어를 사용하는 식으로 같은 과목이라도 출판사별로 용어는 다를 수 있다.

• 대단원 도입: 학습목표와 관련된 '단원의 길잡이', 소단원이 어떻게 통합되는지 살필 수 있는 '대단원 구성 흐름도', 스스로 대단원의 학습목표를 세울 수 있게 하는 '자기 계획' 등으로 구성돼 있다.

• 소단원 학습: 소단원 도입과 소단원 제재, 학습활동으로 구성된다. 소단원 도입에서는 소단원의 학습목표를 확인하고 시각 자료를 바탕으로 학습 내용에 관심을 갖는다. 소단원 제재에서는 선정된 자료를 읽고 그 내용을 학습목표와 연관 짓는다. 학습활동은 학습목표에 도달하기 위한 이해활동, 사고력을 심화하는 적용활동, 창의력과 인성을 키우는 수행활동이 단계별로 구성돼 있다. 소단원 학습대신 '중단원 도입', '본문·활동', '중단원 마무리' 등으로 출판사별로 다르게 쓰기도 하는데 대체로 도입 단계와 중단원, 소단원을 통해 본문을 배우고 습득하는 과정을 거친다.

- 대단원 마무리: 끝으로 학습한 내용을 체계적으로 정리하고 학습목표에 따라 교과서를 잘 이해했는지 스스로 점검하고 평가하는 과정이다. 내용 이해의 기본인 '어휘 점검', 스스로 학습 과정과 결과를 점검할 수 있는 '자기 점검', 보충하거나 심화하고 싶은 활동을 소개하는 '선택 학습 안내' 등으로 이뤄져 있다.

과학 과목 교과서 구성은 이와는 조금 다르다.

- 단원의 소개: 앞으로 배울 단원의 내용과 관련된 문학작품을 인용해 단원에 자연스럽게 접근하게 한다. 소단원의 제목도 제시한다.

- 단원의 시작: 단원 내용을 이끌어갈 수 있는 창의적인 소재로 흥미롭게 구성했다. 학습 참여도를 높이고 호기심을 갖고 학습을 시작하게 하기 위한 것이다.

- 본문 학습: 소단원과 관련된 흥미로운 소재로 도입한다. 탐구 활동-되짚어보기-더 알아보기를 통해 심화 내용으로 이어진다.

- 융합 탐구: 활동 위주로 구성해 다양한 분야와 융합된 과학을 접할 수 있도록 했다.

- 단원 정리: 단원의 전체적인 내용을 이해했는지 확인할 수 있

도록 '개념 정리하기-개념 적용하기-문제 해결하기'로 구성돼 있다.

실천 사례: 학습목표 적용하기

앞서 LEVEL 1에서 공부하는 학생 스스로 학습목표를 갖는 것이 얼마나 중요한 단계인지 강조한 바 있다. 마찬가지로 교과서의 학습목표를 확인하는 것은 교과서 내용을 내 것으로 만드는 데 가장 중요한 단계 중 하나다. 특히 문학작품을 공부할 때는 학습목표를 알아야 작품의 어느 부분에 중점을 두고 공부할지 범위를 특정 지을 수 있고 공부할 양을 측정할 수 있으며 정확히 그 단원에서 요구하는 지식을 습득할 수 있다.

▨▨▨▨▨▨▨▨▨ 중학교 1학년 국어 소설 단원의 학습목표 비교 ▨▨▨▨▨▨▨▨▨

1. 우리 함께 풀어 봐요	3. 갈등에서 공감으로
(1) 할머니를 따라간 메주 · 문학 작품 속에 담긴 문제 상황을 인식할 수 있다. · 대화를 통해 해결 방안을 모색할 수 있다.	(1) 동백꽃 · 소설의 갈래적 특성을 이해할 수 있다. · 소설에 드러난 갈등의 진행과 해결 과정을 파악할 수 있다.

김태철 외, 『중학교 국어 1-2』(비상교육, 2016)

위의 표를 보면 같은 소설 장르지만 학습목표는 각기 다르다. 교과서에서 문학작품을 읽을 때는 학습목표라는 제한된 관점을 통해 감상하고 분석해야 한다. 시험 출제 포인트가 여기에 있기 때문이다.

먼저 「할머니를 따라간 메주」의 학습목표는 문제 상황 인식과 대화를 통한 해결 방안 모색이다. 소설을 읽어보면 이 작품에서 문제 상황은 가치관의 차이로 인한 갈등이다. 할머니는 세상이 달라져도 지켜야 할 것이 있다면서 장은 집에서 직접 담가 먹어야 한다고 생각한다. 그에 반해 엄마는 아파트에서 메주를 만들기는 곤란하니 사 먹는 편이 낫다고 말한다. 할머니가 베란다에 못 몇 개 박는 것을 대수롭지 않게 생각한다면 엄마는 함부로 못을 박으면 집 꼴이 엉망이 된다며 불평한다. 전통적인 가치관을 갖고 있는 할머니는 송편도 넉넉히 만들어 가족들과 나눠 먹어야 한다고 하고 엄마는 상황을 고려해 적당히 만드는 것이 좋다고 한다. 가치관의 갈등이 표면적으로 구체화돼 나타나고 있다. 이 소설의 관찰자인 '나'는 엄마의 이야기를 들어주기도 하고 할머니를 도와주기도 하며 어느 한쪽의 입장에서만 문제를 바라보지 않고 양쪽의 입장을 모두 이해하려고 애쓴다.

이렇게 학습목표를 염두에 두고 교과서를 읽은 다음 실제 수업을 들으면 「할머니를 따라 간 메주」가 시험에 어떻게 출제될지 예측할 수 있다. '가치관의 차이 때문에 할머니와 엄마가 갈등하는 상황이나 심리에 관한 부분이 출제되겠네' 혹은 '가치관의 차이를 보이는 대화나 행동 부분에서 시험문제가 나오겠어' 이런 식으로 감을 잡을 수 있다.

반면 「동백꽃」의 학습목표는 조금 다르다. 소설의 갈래적 특성을 이해하는 것과 소설 속 갈등의 진행과 해결 과정을 파악하는 것이 목표다. '소설의 시점과 효과에 대해 물어보겠구나' 아니면 '점순이와 나의 갈등을 유발하는 소재를 묻겠구나' 하는 식으로 학습목표를 활용해 공부 방향을 정할 수 있다.

　이처럼 학습목표에 따라 출제 포인트가 달라지므로 이 부분은 특히 유념해 공부해야 한다. 중요한 부분이 인물의 성격인지, 구성 방법인지, 표현 방법인지, 갈등 상황인지, 사회·문화적 배경인지를 확인하고 공부한다.

교과서 200% 활용 공부법

엄밀히 말하면 학교에서 시험을 보는 이유는 교과과정을 잘 이해했는지 평가하기 위함이다. 따라서 시험문제를 출제하는 선생님도 학생이 교과서 개념을 제대로 숙지했는지 확인하고 점검하려는 의도를 갖고 문제를 낸다. 공신닷컴 대표 멘토인 서울대 공부의 신 김지석은 저서 『대박타점 공부법』에서 교과서 개념 설명은 그 문제의 '해답지'와 다름이 없다고 말한다. 교과서의 개념을 충분히 이해하면 '해답지'를 읽고 문제를 푸는 것과 같다는 것이다.

아이들에게 공부의 내적 동기를 심어주기 위해 활용하는 영상 자료 〈공부의 왕도〉는 자신에게 알맞은 공부 방법이 무엇인지 모르는 아이들이 공부법을 배우는 데도 적합하다. 특히 교과서 중심으로 공부한 학생들의 영상을 보여주는데 62회 '최상위권으로 도약하는 전과목 10회독法'과 90회 '상위권으로 도약하는 습관의 비밀', 161회 '내신 고수의 비법, 밑줄의 기술' 등을 추천한다.

교과서 10회독법

시험 때 교과서는 제쳐두고 공부하던 아이들이 〈공부의 왕도〉를 보고 이연정 학생의 '교과서 10회독법'을 따라 하다 보니 교과서의 전체적인 흐름은 물론 자세한 내용을 곧잘 익히게 됐다. 사실 내가 가르치는 상위권 학생들의 경우 이미 비슷한 교과서 독법으로 공부하고 있었는데 공부 잘하기로 소문난 예원이도 마찬가지였다.

예원이의 교과서 10회독법

1회독: 빠르게 읽기

2회독: 정독하며 읽기

3회독: 밑줄을 긋고 노트 필기를 교과서에 옮겨 적으며 읽기

4회독: 참고서를 보고 누락된 내용 옮겨 적으며 읽기

5회독: 옮겨 적은 내용과 교과서 빠짐없이 읽기

6회독: 마인드맵으로 정리하며 읽기

7회독: 마인드맵을 보고 설명하며 읽기

8회독: 마인드맵을 설명하다 막힌 부분 교과서 찾아서 읽기

첫 번째 회독 때는 교과서에서 시험 범위에 해당하는 내용을 빠르게 쓱 읽어 내려간다. 두 번째 읽을 때는 처음보다 속도를 줄여 천천히 읽는다. 세 번째는 손으로 밑줄을 그으면서 정독한다. 이때 수업 시간에 필기했던 노트 내용을 교과서에 옮겨 적는다. 네 번째 읽을 때는 자습서와 평가문제집을 같이 보면서 빠진 내용을 교과서 한쪽에 적는다. 다섯 번째에는 교과서의 내용은 물론 메모한 내용을 빠짐없이 자세하게 읽는다. 여섯 번째 읽을 때는 마인드맵으로 내용을 정리하면서 읽는다. 일곱 번째는 마인드맵을 토대로 혼자서 말해보거나 짝꿍에게 마인드맵 순서에 맞춰 설명을 하며 읽는다. 여덟 번째는 앞서 마인드맵을 설명하다 막힌 부분을 교과서에서 찾아 꼼꼼히 읽는다. 그런 다음 자습서와 평가문제집의 문제를 푼다. 문제들을 떠올리면서 아홉 번째로 교과서를 읽는다. 마지막 열 번째에는 제목이나 고딕체로 강조된 부분 등을 빠르게 읽는다. 지도나 그림그래프 등도 다시 한 번 눈여겨본다.

보통 중학생은 교과서 10회독을 엄청 지루해한다. 4회독까지는 이렇게 읽는 게 무슨 의미가 있느냐고 툴툴거리며 불평하다가 5회독, 6회독으로 넘어가면서 읽기에 탄력이 붙기 시작하면 불평이 사그라진다. 10회독을 끝내고 나면 마치 뇌에 교과서 사진을 찍어둔 것처럼 내용을 기억해 술술 말하게 된다.

밑줄 공부법

밑줄 공부법은 교과서 구석구석 꼼꼼하게 밑줄을 그으면서 읽는 공부법이다. 그림이나 도표 제목까지도 밑줄을 그으면서 읽기 때문에 평소 교과서를 대충 넘기던 아이들도 집중하며 정독하게 된다.

해외에서 4년간 유학하고 돌아온 승희는 읽고 암기하는 공부보다 토론 형식의 말로 하는 공부에 익숙해져 있었다. 기본적인 이해력이 좋아 쉬운 문제들은 곧잘 풀었지만 조금만 심도 있는 문제가 나오면 여지없이 틀렸다.

이런 승희에게 밑줄 공부법을 권했다. 정확히 승희가 한 것은 동그라미 치기, 밑줄 긋기, 세모 표시하기였다. 중요한 단어는 파란색으로 동그라미를 하고 모르는 단어에는 빨간색 밑줄을 긋고 헷갈리는 단어는 초록색 세모로 표시하라고 했다. 그러자 교과서의 문장 하나하나를 세밀하게 읽기 시작했다. 이렇게 꼼꼼히 교과서 지문을 장악한 후에 문제풀이에 들어갔다. 문제를 풀 때도 마찬가지 방법을 활용했다. '적절하지 않은'과 같은 문구에 크게 X 표시를 하고 풀게 했고 보기마다 답이 아닌/답인 이유나 근거를 쓰게 했다. 자연스레 실수가 줄면서 성적도 향상됐다.

승희처럼 해외 유학 경험으로 한국어 어휘 습득이 부족한 아이나 영상으로 정보를 접하는 데 익숙해져 글을 꼼꼼히 읽지 못하는 아이라면 밑줄 공부법으로 큰 효과를 볼 수 있으니 꼭 활용해보자.

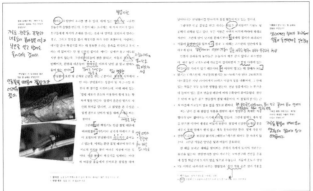

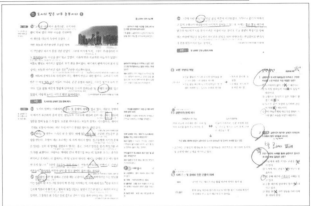

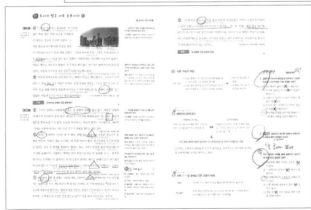

성적
UP

메모 공부법

손으로 쓰면서 읽는 것이 기억을 떠올리는 데 가장 효과적이라는 사실은 여러 사례를 통해 검증된 지 오래다. 정약용 선생 역시 "눈으로 읽지 말고 손으로 읽어라. 부지런히 기록해야 생각이 튼실해지고 주견이 확립된다. 메모가 있어야 기억이 복원된다. 습관처럼 적고 본능으로 기록하라"며 일찍부터 메모하며 읽기의 중요성을 설파한 바 있다.

〈공부의 왕도〉 90회에 소개된 이수현 학생의 사례를 보면 오답 노트를 작성하면서 이해가 잘 안 되거나 모르는 내용이 있을 때 그것을 완벽하게 자신의 지식으로 만든다는 생각으로 자세히 메모를 했다. 틀린 문제의 풀이나 해설만 기록하는 것이 아니라 그 문제를 푸는 데 필요한 개념 내용까지 메모해뒀다. 이수현 학생은 "이 오답 노트를 내가 진짜 모르는 부분에 대한 알맹이들만 있는 '나만의 개념서'로 만들었다"고 한다.

이 외에도 교과서를 효과적으로 활용하는 또 다른 메모 공부법으로 '베껴 쓰기'가 있다. 각 단원의 학습목표가 있는 곳을 찾아서 노트에 쪽수를 적고 교과서에 실린 내용을 그대로 옮겨 적는 것이다. 이때 교과서의 글자 색이나 크기까지도 그대로 베껴야 한다. 큰 글씨는 크게, 작은 글씨는 작게 쓰고 도표나 그림, 그래프까지도 베껴서 적어 넣는다. 이 과정에서 교과서의 중요한 구성 요소를 알게 되고 여기에 맞춰 공부하게 된다.

교과서 10회독법의 3회독, 4회독에도 메모 공부법이 활용된다. 물론 메모를 했다고 공부가 끝난 것은 아니다. 교과서에 메모를 한 후에는 중요한 내용을 뽑아 마인드맵으로 정리하는 과정이 필요하다. 마인드맵 정리법은 이어지는 내용에서 본격적으로 살펴보자.

성적
UP

마인드맵의 기초

마인드맵 Mind-Map 은 좌뇌와 우뇌를 모두 사용하게 하는 사고력 중심의 두뇌 개발법으로 영국 심리학자 토니 부잔 Tony Buzan 이 고안했다. 핵심 아이디어인 중심 이미지에서 아이디어들을 가지 형식으로 뻗어나가게 기록하는 형태로 머릿속에 떠오르거나 생각나는 것, 읽기 자료, 기억하는 모든 것을 이미지와 핵심 단어, 색상과 기호를 사용해 말 그대로 지도를 그리듯이 필기하는 방법이다. 부잔은 "마인드맵은 영재성을 폭발시켜주는 촉매제"로써 "머리를 잘못 쓰면 아프고 피곤하지만 즐겁게 공부하는 법을 익히면 모든 분야에서 탁월한 효과를 낸다"며 마인드맵의 활용을 강조했다.

좌뇌와 우뇌는 기능에 차이가 있다고 알려져 있다. 좌뇌가 언어,

논리, 수, 분석 같은 직선적 정보처리에 강하다면 우뇌는 직관, 정서, 이미지, 리듬, 색깔 등 병렬적 정보처리를 할 때 활동적이라고 한다. 1980년대 캘리포니아대학교 자이델 교수는 좌뇌와 우뇌는 서로 분리돼 역할을 수행하는 것이 아니라 서로 도와주며 영향을 준다고 밝히기도 했다. 그는 좌뇌와 우뇌의 교류 정도에 따라 창의성과 학습력이 달라진다는 사실을 알아냈는데 좌뇌와 우뇌의 요소를 균형 있게 사용했을 때 학습력이 높아졌다. 마인드맵은 이런 이론에 따라 좌뇌와 우뇌의 기능을 균형적으로 사용할 수 있도록 개발됐다.

글을 읽거나 공부를 할 때 마인드맵을 활용하면 학습력뿐 아니라 아이들의 흥미를 높일 수 있다. 핵심어나 색깔, 그림, 부호 등을 사용하기 때문에 훨씬 명료하고 간결해 공책에 정리하는 사람뿐 아니라 보는 사람에게도 흥미를 불러일으킨다. 시각적 이미지로 표현하므로 기억력 또한 향상된다. 옥스퍼드대학교나 케임브리지대학교 같은 세계 유수 대학뿐 아니라 IBM, 골드만삭스, GM 등의 글로벌 기업에서 사용할 정도로 검증된 학습법이다. 이제는 중학교 1학년 교과서에도 마인드맵이 수록돼 있다.

마인드맵 작성해보기

마인드맵은 준비물도, 하는 방법도 간단하다.

1. A4 크기의 백지와 3~4가지 색깔의 마이칼라(앞뒤로 사용할 수 있는 펜으로 한쪽은 사인펜처럼 굵고 다른 쪽은 플러스펜처럼 얇다)를 준비한다. 종이는 가로로 놓아 전체 공간을 자유롭게 사용할 수 있게 한다.

2. 마인드맵을 작성할 주제를 종이의 중심에 놓는다.

3. 종이 중앙에 그림으로 주제를 표현한다. 핵심 단어와 기호를 사용하고 곡선을 그려 우뇌의 리듬 감각을 활용한다.

4. 중심 이미지에 주가지를 그리고 주가지의 핵심 단어는 중심 이미지와 연관되도록 굵게 시작한다. 하나의 가지 위에 하나의 핵심 단어나 그림, 기호 등을 그린다. 중심 이미지 쪽은 선을 굵게 하고 점점 선이 가늘어지도록 그린다.

5. 주가지를 그렸으면 그 끝에 좀 더 자세한 내용으로 부가지를 연결한다. 이때는 가능하면 이미지를 많이 사용한다.

6. 다시 부가지에서 파생된 세부가지를 그린다. 세부가지의 경우 그 수에는 제한을 두지 않는다.

7. 마인드맵을 하다가 수정하거나 보완할 내용이 생기면 반영한다.

※ 다양한 색상을 활용하되 하나의 주가지에 연결된 부가지와 세부가지는 동일한 색을 사용해 같은 범주임을 표시한다. 또 각각의 주가지마다 내용이 달라지므로 주가지별로 색을 같게 해 범주화한다.

아이와 함께 해보기

아이와 함께 아래 예시문을 읽고 단계별 마인드맵으로 정리해보자.

사람 사이의 모든 관계는 만남에서 시작된다. 만남 없는 관계란 있을 수 없고, 설사 있다 하더라도 극히 드물다. 다른 사람과 직접 얼굴을 마주하는 만남이 일반적이지만 전화나 전자우편을 통한 만남도 얼마든지 있을 수 있다. 이러한 만남 가운데 가장 중요한 것은 첫 만남인데, 왜냐하면 사람들이 처음에 형성된 인상을 좀처럼 바꾸려 하지 않기 때문이다.

사람들이 첫인상을 형성할 때에 사용하는 정보는 대단히 제한적이다. 쓸 수 있는 정보라고는 기껏해야 상대의 얼굴 생김새, 체격, 키 등의 겉모습과 몸짓, 말투 정도이다. 하지만 이러한 정보만으로도 우리는 상대의 첫인상을 무리 없이 형성한다. 무리가 없는 정도가 아니라 첫인상만으로 상대의 성격뿐만 아니라 모든 것을 판단해 버린다.

뚱뚱한 사람을 보면 낙천적일 것이라고 생각하는 사람이 있는가 하면, 먹는 것 하나 절제하지 못하는 사람으로 여기는 사람도 있다. 마찬가지로 마른 사람을 보고 지적이고 예리한 성격일 것이라고 생각하는 사람이 있는가 하면, 얼마나 예민하면 저렇게 살이 찌지 않았냐면서 날카로운 성격으로 단정해 버리는 사람도 있다. 이처럼 사람들은 자기의 경험과 지식을 잣대로 상대의 첫인상을 결정해 버린다.

사람들은 왜 극히 제한된 정보로 형성된 첫인상을 바꾸려고 하지 않을까? 여기에는 여러 가지 원인이 있겠지만 가장 중요한 원인은 우리들 마음속에 있는 '가설 검증 바이어스'이다. (중략)

이철우, 「관계는 첫인상부터 시작된다」,
『중학교 국어 1-1』 2. 헤아려 읽고 맞추어 쓰기(비상교육, 2016)

- 1단계: 글의 내용 중 가장 핵심 단어를 가운데 쓴다(이미지를 그려도 좋음).
- 2단계: 핵심 단어를 중심으로 가지를 긋고 다음 중심 내용을 가지 위에 쓴다.
- 3단계: 가지에서 다시 여러 갈래로 가지를 뻗은 후 핵심 내용을 쓴다.

다음은 단계별로 마인드맵을 한 결과물이다.

단계별 마인드맵

1단계 : 관계

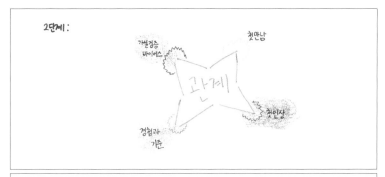

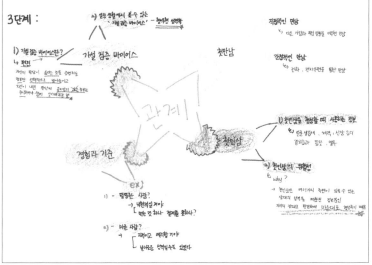

성적
UP

마인드맵으로 교과서 학습하기

마인드맵이 무엇인지 어느 정도 감이 잡혔다면 이제 교과서 전체의 흐름을 이해하는 데 마인드맵을 활용해보자. 교과서 마인드맵을 작성하는 순서는 보통 다음과 같다.

1. 차례 마인드맵 만들기
2. 소단원별로 마인드맵 정리하기
3. 중단원별로 마인드맵 종합하기
4. 전체 교과서 메가 마인드맵 만들기

시험 기간에는 마지막 '전체 교과서 메가 마인드맵 만들기'를 '시험 범위 전체 메가 마인드맵 만들기'로 대체하면 된다. 차례 마인드맵을 만들면 교과서의 전체적인 내용이나 구조를 파악하기 좋다. 공부하는 중간중간 자신이 공부하고 있는 부분이나 전후 관계를 쉽게 살펴볼 수 있다. 핵심어를 중심으로 주가지, 부가지, 세부가지를 나눠서 정리하기 때문에 글의 흐름 또한 정확하게 알 수 있다. 교과서 마인드맵이 처음이라 어렵게 느껴진다면 참고서의 핵심 정리 부분을 보고 참고해도 괜찮다. 참고서는 큰 줄기를 중심으로 내용이 정리돼 있으므로 중심 이미지를 잡는 데 도움을 받을 수 있다. 참고서에 누락된 상세한 내용은 교과서를 읽으며 채워 넣는다.

차례 마인드맵 만들기

차례 마인드맵은 '큰 목차별 마인드맵'과 '작은 목차별 마인드맵'으로 나눠서 해볼 수 있다.

• 큰 목차별로 정리하는 마인드맵: 교과서의 전체적인 흐름을 파악하기 위해서는 큰 목차별로 마인드맵을 정리해보는 것이 좋다. 다음은 중학교 2학년 기술·가정 교과서의 차례에서 시험 범위를 큰 목차별로 정리한 것이다. 기술·가정처럼 암기 위주 과목에 마인드맵을 활용해 공부하면 평균 점수를 효과적으로 끌어올릴 수 있다.

II. 녹색 가정생활의 실천

① 녹색 식생활과 음식 만들기

1. 녹색 식생활을 실천하려면 무엇을 알아야 할까?

2. 한식은 왜 우수할까?

3. 음식은 어떻게 조리하나?

② 친환경적 의생활과 옷 고쳐 입기

1. 의복은 어떻게 선택해야 할까?

2. 옷의 특성에 따라 어떻게 관리해야 할까?

3. 의복의 구성 원리는 무엇일까?

③ 지속 가능한 주생활과 주거 공간 꾸미기

1. 쾌적한 실내 환경은 어떻게 유지할까?

2. 주거 공간 계획은 어떻게 해야 할까?

3. 지속 가능한 친환경 주생활을 실천하려면 어떻게 해야 할까?

김지숙 외, 『중학교 기술·가정 ②』(비상교육, 2015)

이를 토대로 교과서 내용을 단원별로 분류해 주가지를 만들었다. 그리고 가지별로 색깔을 달리해 마인드맵을 그리게 했다. 그다음 예측하기로 질문지를 만들어보게 하고 교과서의 해당 범위를 읽게 했다. 질문에 대한 답을 찾으면서 교과서를 읽으니 아이들의 집중도가 달랐다. 건성으로 읽지 않고 답을 찾기 위해 꼼꼼하게 읽는 모습을 보였다. 다 읽은 후에는 공책에 기억나는 내용을 쓰라고 했다. 생각

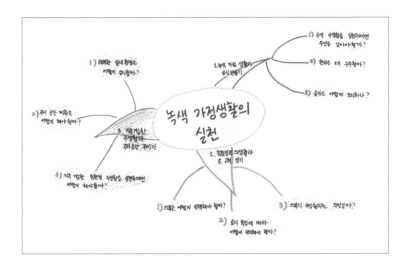

이 안 났던 부분은 다시 교과서를 읽고 문제집을 풀게 했다. 기존 방식대로 공부했을 때보다 훨씬 떠올리는 것이 많았다. 마무리로 대단원 정리에서 해당 범위의 문제를 풀게 했다.

큰 목차별 마인드맵을 활용한 학습 순서

1. 큰 목차별로 마인드맵 그리기

2. 질문지 만들기

   – 친환경적 의생활을 하려면? 옷 고쳐 입기가 왜 필요한가?

   1) 의복은 어떤 기준으로 선택해야 하나?

   2) 옷의 특성에 따라 관리는 어떻게 해야 하나?

3) 의복은 어떻게, 무슨 기준으로 구성돼 있나?

– 지속 가능한 주생활을 하려면, 주거 공간은 어떤 방식으로 꾸며야 하는가?

4) 쾌적한 실내 환경을 만들려면?

5) 주거 공간 계획은 언제, 어떻게 세워야 하는가?

6) 친환경적인 주생활을 실천하려면?

3. 대단원 정리의 해당 부분 문제 풀기

• 작은 목차별로 정리하는 마인드맵: 어릴 때 독서량이 많지 않은 아이들은 중학교에 들어가 역사나 사회 과목 시험을 특히 어려워한다. 교과서는 이야기 형식으로 서술돼 있지 않고 원인과 결과만 간략하게 소개돼 있어 독서력이 부족하면 교과서를 읽고도 제대로 이해하기가 힘들기 때문이다. 이럴 때 교과서를 작은 목차별로 정리하면 공부하는 중간중간 흐름을 놓치지 않을 수 있다. 큰 목차별로 만드는 마인드맵이 전체적인 흐름을 살피기 위한 것이라면 작은 목차별로 마인드맵을 만드는 과정은 공부를 세밀하게 하기 위한 것이다. 단원을 상세하게 파악할 수 있기 때문이다. 다음은 중학교 3학년 사회 과목 기말고사 시험 범위의 차례다.

XI. 국민 경제와 경제 성장

1. 국내 총생산의 이해

– 국내 총생산?

3. 우리나라와 주변국의 갈등과 해결

    – 다른 국가와의 갈등

    – 독도는 우리 땅

    – 역사 왜곡: 동북공정

선택 학습 독도야, 놀자!

    – 독도 지키기 위한 활동

조영달 외, 『중학교 사회 ②』(미래엔, 2015)

이를 바탕으로 작은 목차별 마인드맵을 만들어봤다. 사회 기말고사 시험 범위가 경제와 사회 부분이라 먼저 '경제&사회'라는 중심 이미지를 만들었다. 중심 이미지와 연결된 각각의 주가지에는 단원의 주제인 목차를 적는다. 이 주가지에 각각의 작은 제목을 써넣는다. 그리고 교과서 내용을 빠르게 확인하면서 세부가지를 채운다. 세부가지의 세부가지는 보통 2~5가지 이내로 이뤄진다. 교과서 내용만으로 정리하는 것이라 다른 종류의 마인드맵을 할 때와 달리 세부가지가 방대하지 않다. 교과서에 없는 부분은 자습서나 평가문제집을 참고해 세부가지에 보완해 적는다. 빠진 내용은 없는지 해당 범위의 교과서를 정독하고 누락된 부분이 있으면 다시 채워 넣는다. 이렇게 작은 목차별로 마인드맵을 하며 꼼꼼히 공부하고 난 뒤의 할 일이 바로 '대단원 마무리'다.

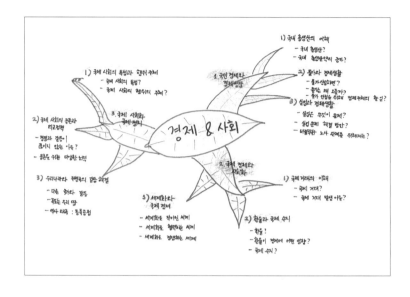

작은 목차별 마인드맵을 활용한 학습 순서

1. 작은 목차별로 마인드맵 그리기

2. XI, XII, XIII단원을 3개의 주가지로 빼기

3. 각 단원별 3개 소단원의 세부가지 만들기

4. 세부가지마다 각각의 또 다른 세부가지로 뻗어나가기

5. 대단원 정리의 해당 부분 문제 풀기

마인드맵으로 대단원 마무리 문제 풀기

수많은 할리우드 스타와 경영자들의 라이프 코치로 알려진 마이크 베이어_{Mike Bayer}는 저서 『베스트 셀프』에서 세계적인 교수들이 자신만의 '교과서'를 출판할 때 가장 공들이는 부분 중 하나가 바로 연습문제라고 말했다. 그 문제를 통해 학생들이 교재 내용을 완벽히 이해했는지 하지 못했는지를 확인할 수 있기 때문이다.

교과서의 연습문제는 단원이 끝날 때마다 등장한다. 5지선다나 OX 문제, 단문이나 중문으로 쓰는 서술형 문제뿐 아니라 평가표도 나와 있다. 물음 하나하나에 답해나가다 보면 내가 그 내용을 제대로 알고 있는지 이해도를 정확히 알 수 있다. 당연히 메타인지도 상승한다.

마찬가지로 마인드맵을 활용해 교과서 내용을 학습한 뒤 대단원 마무리 문제를 풀어보면 어렴풋하게 알고 있던 것들을 명징하게 알게 되고 내 실력도 점검할 수 있다. 대단원 마무리 문제를 푸는 데 무리가 없었다면 직접 더 구체적인 질문이나 체크리스트를 만들어 테스트해보는 것도 좋다.

공부 비타민 ⑤
학습 능동성 높이는 법:
시험 효과 활용하기

 교육 현장에서 수업에 미지근한 태도를 보이는 학생들을 몰입하게 만드는 특효약으로 시험만 한 것이 없다. 시험은 수동적인 아이들을 능동적으로 만들 수 있는 방법이라 자주 활용한다. 원래 적극적으로 공부하는 학생에게도 시험은 효과를 발휘한다. 경쟁심을 부추겨 학습에 속도를 내게 하기 때문이다.

 논문 「학습을 위한 시험: 시험의 전방효과와 후방효과」를 보면 실제로 학기 중 실시하는 시험이 학습 효과를 1.5배 정도 향상시킨다고 한다. 반복해서 공부하는 것보다 배운 내용을 기억 속에서 인출retrieval 할 때 훨씬 효과적이라는 일명 '시험효과_{testing effect}'다. 이는 시험이 평가 수단뿐 아니라 학습 수단으로도 쓰일 수 있음을 보여준다. 또 시험은 자신이 아는 것과 모르는 것을 정확히 알게 하고 그에 따라 학습 계획을 보완할 수 있게 한다는 점에서 메타인지를 강화하는 데도 효과적이다. 이런 시험효과에는 '전방효과_{forward effect}'와 '후방효과_{backward effect}'가 있다.

전방효과

시험의 전방효과란 이전에 배운 내용을 점검하는 시험을 통해 앞으로 할 공부의 방향을 정하거나 부족한 부분을 보완할 계획을 세우게 되는 것을 말한다. 시험 결과를 보면 자신이 무엇을 알고 무엇을 모르는지 명확해져 다음 학습을 준비하게 된다. 일종의 준비운동 같은 역할을 함은 물론 이후 학습자가 정교화된 부호화 전략_{encoding strategy}을 사용하도록 돕기도 한다.

'부호화'란 기억하기 쉽도록 정보를 가공하거나 정리, 변형하는 것을 말한다. 부호화 전략에 흔히 쓰이는 것이 앞에서 살펴본 조직화다. 비슷한 정보끼리 범주별로 묶어서 기억하는 방법이다. 잘된 조직화 사례로는 교과서의 차례 부분을 들 수 있다.

조직화를 잘하면 체계적으로 정보를 저장하게 되므로 무작정 암기할 때보다 더 잘 기억할 수 있다. 또 조직화 과정에서 정보들 간의 정교화가 이뤄지므로 정보를 풍성하게 만드는 효과도 있다.

후방효과

전방효과가 새롭게 학습할 부분의 전략을 향상시킨다면 후방효과는 그 반대다. 이전에 배운 자료에 대해 시험함으로써 그 자료 자체에 관한 기억력을 향상시킬 수 있다. 다시 말해 시험을 통해 기억을 꺼내는 연습이 해당 정보에 대한 기억을 강화한다는 것이다.

고대 그리스 철학자 아리스토텔레스는 반복적으로 기억하려는 행위 자체가 기억력을 높인다고 말한 바 있다. 또 기억 수정자 가설에 따르면 시험을 볼 때 학습한 내용을 기억해내는 과정에서 그 단서에 변화가 일어난다. 시험이 암기한 내용을 단순히 꺼내기만 하는 중립적 과정이 아니라 직접 기억에 영향을 미치는 기억 수정자로서의 역할을 한다는 것이다.

특히 앞에서 언급한 것처럼 시험은 재학습처럼 자신의 학습 상태를 실제보다 높게 평가하는 '지식 착각illusion of knowing'에 빠지거나 자신이 공부한 내용을 잘 기억할 거라고 확신하는 '사후과잉확신 편향foresight bias'을 일으키지 않는다. 학습한 후 매번 시험을 보게 되면 정기적인 실력 점검 기회를 얻게 되고 적극적으로 학습하게 되므로 메타인지가 활성화된다. 내 아이가 자기주도학습을 할 수 있도록 이끌어주고 싶다면 시험효과를 자주 활용하자.

LEVEL
6

코로나19 시대
인터넷강의 활용법

인터넷강의로 자기주도학습을 한다?

2020년 코로나19 대유행 이후 전례 없던 온라인 개강으로 많은 부모와 아이가 혼란을 겪었다. 맞벌이 부모든 집에서 아이를 돌볼 수 있는 부모든 온라인 수업을 대하는 태도가 불성실하거나 자기주도학습 훈련이 되지 않은 아이를 둔 부모라면 누구나 아이의 학력 수준 저하를 걱정할 수밖에 없다.

비대면 수업은 피할 수 없는 새로운 교육 흐름이다. 코로나19로 인한 위기 상황이 계속되고 백신 개발 시기 또한 확실치 않은 현재로서는 예전처럼 학교 수업이 정상화되기 어렵다는 전제하에 반드시 스스로 공부하는 자기주도학습법을 익혀야 한다. 이를 위해 인터넷 강의를 활용해볼 것을 적극 추천한다.

자기주도학습에 대한 오해를 풀자

수많은 공부법 중 어떤 상황에서나 활용할 수 있는 가장 좋은 공부법이 바로 자기주도학습법이다. 학생 스스로 시험 유형, 학습 환경 등을 고려해 학습 전략을 세우고 공부하는 것이기 때문이다. 학원을 오가느라 시간을 버리지 않아도 되고 나에게 딱 맞는 방법으로 공부할 수 있어 자기주도학습을 할 수 있다면 최고의 경쟁력을 갖춘 것이나 다름없다.

그런데 언뜻 '자기주도학습에 왜 인터넷강의가 필요하지' 하는 반문이 생길 수 있다. 자기주도학습은 학원도 다니지 않고 교과서나 문제집만으로 공부해야 하는 것 아닌가 하고 말이다. 이런 생각 때문에 처음부터 아이에게만 모든 것을 맡겨두면 자기주도학습은 실패한다. 예전 같지 않게 공부해야 할 것도 많아졌고 수준도 높아져 아이 혼자 시간을 관리하고 교과서를 이해하기 힘든 시대다. 스스로 공부하는 체계가 잡히기 전까지는 부모든 공부법에 관한 책이든 아이를 지도해줄 누군가 또는 무언가의 도움을 받아야 한다.

실제로 자기주도학습의 정의를 찾아보면 "학습자 스스로가 학습의 참여 여부에서부터 목표 설정 및 교육 프로그램 선정과 교육평가에 이르기까지 교육의 전 과정을 자발적 의사에 따라 선택하고 결정해 행하게 되는 학습 형태"라고 돼 있다. 아이 스스로 자신에게 맞는 인터넷강의를 선택해 학습 수단으로 활용한다면 이 역시 자기주도학습의 일환이 될 수 있다.

왜 인터넷강의인가

대치동 수능 강사들이 쓴 『티치미 공부법』을 보면 수능 시험에는 코치가 필요하다고 말한다. 수능 시험이 "넓은 식견과 사고를 요구하기 때문에 다양한 문제와 접근법에 많은 자극을 받아본 학생만이 성공할 수 있다"는 것이다. 따라서 생각의 틀을 만들어줄 수 있는 선생님과 노력할 수 있도록 도와주는 주위 환경, 내신을 관리해주고 최적의 학교를 찾아줄 수 있는 사람이 필요하다는 것이다.

하지만 모두가 강남 1타 강사를 찾아갈 수는 없는 노릇이다. 이럴 때 인터넷강의는 시간 관리를 도와주는 도구이자 학원과 같은 사교육의 역할을 할 수 있다. 학원에 가지 않고도 과목별로 시간표를 짜서 수강할 수 있고 내 수준에 맞춰 빠르게 또는 느리게 재생이 가능하며 필기하느라 놓친 부분을 다시 들을 수도 있다. 학원 수업의 경우 다른 학생보다 필기가 느린 아이는 아예 쓰는 것을 포기하기도 하는데 인터넷강의는 그럴 필요가 없다. 또 교과서를 읽고도 잘 이해가 되지 않는 부분이 있을 때 자습서처럼 이용할 수도 있고 선행학습이나 심화 학습에 활용하는 경우도 많다. 학원보다 경제적 부담도 적기 때문에 잘만 활용하면 더할 나위 없이 좋은 학습 형태가 된다.

강의 선택은 아이의 눈높이에 맞게

대부분의 학부모는 내 아이가 자기주도학습 능력을 갖길 바란다. 하지만 정작 아이들이 자기주도적인 삶을 살고 있는 경우는 드물다. 자기주도학습 능력은 아이가 스스로의 삶을 이끌어가고 있을 때 길러진다. 아이가 아직 원하지도 않는 것을 부모가 먼저 준비해 아이 앞에 가져다 놓는 지금과 같은 삶에서 아이가 스스로 공부하길 바라는 건 이치에 맞지 않는다.

주도성을 갖기 위해서는 먼저 자율성이 뒷받침돼야 한다. 자율성이란 스스로의 원칙에 따라 어떤 일을 하거나 자기 스스로 통제해 절제하는 것을 말한다. 나 스스로 무엇을 하겠다는 의사가 담긴 실천 의지다. 자율성에 따라 어떤 일을 계획하고 실천해 성과를 얻었을 때 내 능력이나 판단에 신뢰를 갖게 된다. 이런 경험이 쌓이다 보면 점점 주도적으로 목표를 설정하고 계획을 세우고 실행하며 마침내 달성하게 된다.

인터넷강의를 선택할 때도 아이에게 자율성을 주는 것이 좋다. 엄마들 사이에서 어떤 선생님이 좋다더라, ○○이가 어떤 선생님 강의를 듣고 100점 맞았다더라 같은 이야기를 듣고 아이에게 무조건 그 강의를 듣게 하는 것은 좋지 않다. 내 아이에게 어떤 강의, 어떤 선생님이 맞을지 아이의 학습 성향에 맞춰 선택해야 강의를 끝까지 수강할 수 있다.

어떤 강의를 들어야 할까

보통 인터넷강의는 수강 목적에 따라 학교 내신 진도에 맞춰서 수업하는 '내신 진도 강좌'와 내신 시험(중간고사, 기말고사)을 대비하는 '시험 대비 특강'이 있다. 그 외에도 프로모션 강좌로 '수학 심화 강좌', '영어 전문 강좌'와 '인증시험 대비 강좌', '중학생이 꼭 읽어야 할 영어 원서 강좌' 등 다양한 강좌가 있다.

먼저 학교 교과과정 진도에 맞춰 나가는 '내신 진도 강좌'는 학년과 과목이 구분돼 있고 학교 진도보다 선행할 수 있도록 학기별 강좌가 방학에 제공된다. 1학기 강좌는 전 학년 겨울방학에, 2학기 강좌는 여름방학에 시작돼 예습할 수 있는 식이다. 또 성적 수준에 따

라 원하는 강의 수가 다르기 때문에 '정규 강좌'와 '단기 특강'이 구분
돼 있다. 내 아이의 성적이 중위권 정도라면 정규 강좌를, 상위권이
라면 단기 특강을 선택하면 된다.

내신을 대비할 수 있는 '시험 대비 특강'은 보통 중간·기말고사
3~4일 전에 개강한다. '내신 진도 강좌'를 다 들었다는 전제하에 진
행되는 강좌기 때문에 시험 범위를 요약해 정리하고 문제풀이를 한
다. 시험 대비 공부를 마무리하는 느낌으로 요점 정리를 해주는데
문제풀이를 통해서 실전 대비도 확실하게 할 수 있다.

인터넷강의는 아이의 교과서와 같은 출판사의 교재로 진행하는
강좌를 선택하는 것이 좋다. 교과서에 맞는 강의를 넘어 좀 더 심도
있게 공부하고 싶다면 '통합 강좌'를 선택하면 된다. 여러 교과서의
내용을 종합한 공부를 할 수 있어 고등학교 내신, 수능까지 미리 준
비할 수 있다는 장점이 있다.

내 아이와 맞는 선생님, 어떻게 찾을까

앞에서도 언급했지만 인터넷강의를 선택할 때 눈여겨봐야 할 점
중 하나는 '내 아이와 맞는가'다. 스타 강사여서, 친구가 추천해줘서
선택했다가는 낭패 보기 십상이다. 물론 많은 학생들의 검증을 거친
1타 강사를 선택하면 실패할 확률이 줄어들 수는 있다. 인지도가 높
은 만큼 믿을 수 있기 때문이다. 하지만 수강생 선택 1위의 1타 강사

라 해도 반드시 맛보기 강의를 들어보고 내 아이에게 맞는지 확인하는 과정을 거쳐야 한다.

아이가 좋아하는 스타일의 강의인지, 집중을 잘하는지 등을 살펴본다. 선생님의 수업 준비 태도나 설명하는 스타일, 발음이나 목소리 같은 외적인 부분이나 핵심 내용을 잘 짚어주면서 보충 설명도 충분한지 등의 내용적인 면을 모두 체크한다. 기존 수강생들의 수강평을 읽어보면서 혹시 아이와 맞지 않는 요소가 있다면 거르는 것이 좋다. 질문에 대한 피드백이 빠른지, 답변이 성실한지, 수업 자료가 지속적으로 업데이트되는지 등을 해당 강좌 선생님의 게시판과 자료실에 들어가서 확인해본다.

아이의 수준보다 너무 높은 난도의 강의를 과시용으로 무리하게 듣지 않도록 주의한다. 반대로 자기 수준에 비해 너무 쉬운 내용의 강의를 듣느라 시간을 낭비해서도 안 된다. 이 강의가 어려운지 쉬운지 판단하려면 그 단원의 문제를 미리 풀어보는 것이 좋다. 이미 이해가 다 된 내용이라면 일부러 수강할 필요가 없다. 그것보다 조금 난도가 높은 심화 과정을 들으면 된다.

다시 한 번 강조하지만 강의를 들을 사람은 공부하는 아이 본인이기 때문에 최종적으로 아이가 강의를 선택하도록 해야 한다. 그래야 밀리지 않고 계획대로 수강할 수 있다. 단 재미 위주의 강의를 선택했다면 다시 재고해보게 한다. 강의가 끝나고 농담만 기억하면 곤란하기 때문이다. 재미와 정보가 균형 잡힌 강의를 들어야 교육 효과가 크다.

아이가 선택한 강좌를 부모가 같이 들어보는 것도 좋다. 강의 수강 계획을 함께 짜는 것도 도움이 된다. 정해진 시간에 강의를 듣는 것이 좋지만 집중이 되지 않는데도 컴퓨터 앞에 우두커니 앉아 강의가 흘러가게 두면 안 된다.

인터넷강의 200% 활용 공부법

인터넷강의를 듣는다고 방문을 걸어 잠그고 있는 아들을 보면 분통이 터진다며 상담하러 오는 학부모가 종종 있다. 정말 인터넷강의를 보는지, 강의를 틀어놓고 게임을 하는지 뭘 하는지 도통 알 수가 없어 답답하다는 것이다. 자기주도학습을 시키려고 인터넷강의를 선택했지만 공부 습관이 없는 아이가 불안한 부모의 심정도 충분히 이해할 수 있다. 그럼 부모가 어떻게 지도해야 아이가 인터넷강의를 온전히 제 것으로 만들 수 있을까?

아이 스스로 강의 듣게 하기

내가 대부분의 학부모에게 공통으로 전하는 조언 중 하나는 인터넷강의를 들을 컴퓨터를 거실로 옮기라는 것이다. 사실 인터넷강의의 적은 도처에 깔려 있다. 집중력이 떨어져서 일어나는 문제는 차치하고라도 방에는 당장이라도 눕고 싶은 침대도 있고 지켜보고 있는 사람이 없으니 폰으로 게임을 하거나 유튜브, 웹툰을 보고 싶다는 유혹에 쉽게 넘어간다. 따라서 컴퓨터가 있는 공간과 아이 방을 분리하는 것이 좋다.

인터넷강의 수강이 습관으로 몸에 붙기 전까지는 어느 정도 부모의 관리가 필요할 수밖에 없다. 몸이 아플 때 환자 자신의 노력도 중요하지만 의사의 진찰을 받아야 몸이 나을 방법을 알 수 있는 것과 마찬가지다. 아이가 감시당한다고 느끼지 않는 선에서 정해진 시간에 제대로 인터넷강의를 듣는지 적절한 방식으로 아이를 지켜본다. 요일별, 시간별로 어떤 과목의 강의를 들을지 시간표를 짜두면 밀리지 않고 강의를 듣기 수월하다. 여기에 더해 과목별로 공부 일기를 쓰다 보면 금세 혼자서 강의를 듣는 요령이 생긴다.

오늘 들을 강의가 수학 과목이라면 강의를 듣기 전 교과서의 해당 부분을 먼저 찾아서 읽는다. 교과서를 바탕으로 내용을 파악한 후 강의를 들으면서 요약을 하고 다시 한 번 교과서로 복습한다. 그다음 문제집에서 공부한 부분에 해당하는 문제를 찾아 푼다.

문제풀이 강좌의 경우는 반드시 문제를 먼저 푼 다음 강의를 듣게 한다. 수학이나 과학 과목의 문제풀이 강좌는 개념 설명과 문제풀이 구간으로 구분되니 개념 설명 부분을 듣고 나서 잠깐 강의를 멈춰놓고 문제를 푼 다음 다시 문제풀이 부분을 들으면 된다. 혼자서 문제를 먼저 풀어보면 부족했던 부분과 잘못 알았던 부분을 명료하게 알 수 있다.

강의를 들을 때는 배속을 조절해가면서 아이가 자신에게 적당한 속도를 찾게 해주고 실제로 강의를 듣는 데 걸리는 시간을 기록해보게 한다. 무엇보다 인터넷강의를 들을 때도 학교 수업과 마찬가지로 쉬는 시간이 필요하다. 아이들의 집중력은 대개 20분 정도가 지나면 흐트러지기 시작한다. 보통의 중학생인 경우 집중할 수 있는 시간은 40~45분 정도라고 한다. 학교 수업 시간이 초등학교 40분, 중학교 45분으로 이뤄진 것도 다 이런 이유에서다. 쉬는 시간을 적절히 넣어야 다음 강의에 집중할 수 있다. 그렇다고 쉬는 시간을 너무 길게 잡아 다음 강의를 듣는 데 차질이 생기지 않도록 주의한다. 앞에서 배운 초시계 공부법(70쪽)의 10분 타이머를 여기에 활용하면 효율적이다. 스마트폰의 알람을 사용하면 카톡으로, 페북으로, 웹툰으로 한눈을 팔기 쉬우니 유념하자. 폰은 눈에 보이지 않는 곳에 두고 공부에만 집중해야 한다.

혼자 강의를 듣는 일에 익숙해지면 주변에 함께 인터넷강의를 들을 친구를 만드는 것도 좋다. 계획대로 꾸준히 듣기 위해 '인강 친구'와 저녁마다 교환일기를 나누는 것도 한 방법이다. 그날 공부한 것을 노트에 적어 교환해도 되고 문자나 카톡으로 주고받아도 된다.

섰적
UP

서로 자극이 돼서 공부할 때 느슨해지지 않을 수 있다.

교과서와 연계하기

인터넷강의를 듣고 나면 공부를 다 했다고 생각하기 쉽다. 하지만 여기서 끝내지 말고 바로 교과서를 정독해야 한다.

특히 과학 교과서는 차례를 단원별로 암기할 수준이 돼야 한다. 정보는 그 내용이 체계적으로 잘 정리될 때 조직화되기 때문이다. 앞에서도 여러 번 말했지만 잘 조직화된 정보가 교과서의 차례다. 교과서로 차례 마인드맵을 해놓고 가능하면 암기한다. 암기가 안 됐다면 공부하는 중간중간 차례를 훑어본다.

스스로 메모하고 노트 정리도 한다. 중요한 문장은 베껴 쓴다. 개념을 이해하고 개념 간 관계를 파악한 후 핵심 내용을 스스로 정리해야만 내 공부가 된다. 개념과 공식 등은 의미를 정확하게 이해해야 하며 필요하면 암기한다. 과학 교과서에 나오는 그래프 역시 손으로 그려보며 의미를 파악하는 과정이 필요하다. 글이 아닌 이미지 형태는 그냥 슥 보고 지나치기 쉽지만 그래프에는 많은 정보가 집약돼 있다. 그래프를 이해했다면 기본 핵심을 이해한 것이나 마찬가지다.

만약 스스로 독해력이 부족하다고 느낀다면 국어 교과서부터 시작할 것을 권한다. 다른 사람과 대화를 할 때, 글을 읽을 때 모두 국어 능력이 필요하다. 국어 능력이 본질적으로 언어 능력과 연결돼 있기 때문이다. 따라서 국어 능력은 다른 교과목을 학습하는 토대가 된다. 국어를 도구 과목이라고 부르는 이유도 이 때문이다. 국어 관련 문제에는 문학작품뿐만 아니라 인문, 역사, 과학, 기술, 사회, 예술 등 여러 분야를 융합한 문제가 출제된다. 공부에 지름길은 없다. 올바른 길만 있을 뿐이다. 공부를 잘할 수 있도록 끊임없이 연습하고 훈련해야 한다. 지문을 독해하는 국어 실력도 읽는 만큼 쌓인다.

이 과정이 모두 끝나면 문제풀이에 들어간다. 처음 문제를 풀 때는 교과서에 직접 풀지 말고 노트에 푼다. 모든 문제는 최소 3회독은 해야 내 것으로 만들 수 있다. 첫 번째로 문제를 풀 때는 정답을 신속히 찾는 데 중점을 둔다. 두 번째 풀 때는 오답의 근거를 철저히 분석해 교과서를 읽으며 그 속에서 답을 찾는다. 그런 다음 해설지를 읽으며 오답을 적는다. 세 번째로 문제집을 풀 때는 최소한 70% 이상을 설명할 수 있어야 한다. 나도 선생님처럼 다른 사람에게 알려줄 수 있을 정도가 돼야 한다.

문제집 3회독 풀기

1회독: 노트에 신속하게 푸는 데 중점을 둔다.

2회독: 오답의 근거를 교과서에서 찾고 해설지를 읽으며 오답을 적는다.

3회독: 내가 선생님이 돼서 최소 70% 이상 설명할 수 있을 정도가 되게 한다.

강의 내용 요약하기

손이 움직여야 머리도 움직인다. 잘 알다시피 손 운동을 하거나 손으로 그림을 그리고 뭔가를 만드는 등 손을 열심히 사용하면 뇌의 운동중추가 잘 발달한다고 한다. 손으로 필기하는 행위를 통해 뇌를 발달시키면 학습 능력 또한 향상된다.

인터넷강의를 집중해서 들을 때도 노트에 요약하며 듣는 것이 좋다. 물론 사람마다 자신에게 맞는 공부법이 있듯이 인터넷강의 내용을 요약하는 방법도 개인마다 다를 수 있다. 들으면서 요약을 하는 학생도 있고 다 듣고 나서 다시 정리하는 학생도 있다. 꼼꼼한 학생의 경우 강의를 들으면서 메모해둔 내용을 공책에 새로 옮겨 적기도 한다. 어느 것이 옳고 어느 것이 틀리다고 할 수는 없다. 자신에게 편하고 유익한 방법으로 하면 된다.

인터넷강의를 들으며 내용을 요약하는 이유는 공부한 내용을 정리해 기억하기 쉽게 하기 위해서다. 그런데 많은 학생이 '정리'가 아니라 선생님이 이야기한 내용을 그대로 받아 적느라 강의를 놓친다. 반대로 그냥 강 건너 불구경하듯이 손 놓고 있는 학생도 심심찮게 볼 수 있다.

강의를 듣고 나서 들은 내용을 다 기억할 수 있다면 굳이 필기를 하지 않아도 될 것이다. 하지만 뇌의 용량에는 한계가 있고 한 번에 모든 것을 이해하고 기억할 수 없기 때문에 필기를 하는 것이다. 다만 우선해야 할 일은 강의에 집중하는 것이므로 노트에 요약을 하느라 강의를 놓치면 안 된다. 강의를 듣기 전에 교과서로 해당 부분을 예습했으니 최대한 강의에 집중하면서 그 단원의 핵심 내용만 적는다. 교과서를 그대로 적다시피 하느라 시간을 낭비하지 않도록 한다. 중요한 부분, 잘 외워지지 않는 부분을 간략하게 정리하고 보완할 부분이 있다면 강의를 다 들은 후 교과서의 설명을 적어놓는다. 노트를 따로 쓰기 번거롭다면 교과서나 참고서에 내용을 적어도 된다.

이렇게 요약한 노트는 복습할 때 요긴하게 쓸 수 있다. 필기한 노트를 보며 수업 내용을 다시 되감기함으로써 전체적인 내용을 떠올릴 수 있고 핵심 내용을 잘 정리하게 된다. 노트에 필기함으로써 뇌가 활성화돼 학습 효과 또한 높아진다.

성적
UP

복습하기

공부 좀 한다는 중학교 2학년 아이들에게 복습을 어떻게 하느냐고 물어보니 대부분 비슷한 이야기를 했다. 영어는 교과서는 물론 프린트까지 싹 다 외운다. 그런 다음 백지 노트에 생각나는 것을 모두 적는다(일명 백지공부법인데 이건 아주 치밀하게 공부하는 아이들이 해준 이야기다). 생각이 안 나는 내용은 교과서를 보고 빨간색 펜으로 채워 넣은 뒤 다시 한 번 외운다. 국어는 자습서를 달달 암기한 다음 평가문제집을 풀고 마무리한다. 사회는 암기할 부분도 많지만 특히 경제 부분은 이해가 돼야 하는 부분이라 인터넷강의를 듣고 가능한

한 문제를 많이 풀어보면서 응용력을 키운다.

그런데 인터넷강의를 듣고 하는 복습은 이것과는 조금 달랐다. 2가지 방식이 있는데 하나는 강의를 다 듣고 하는 복습이고 다른 하나는 수업 중에 하는 복습이었다.

먼저 인터넷강의를 다 듣고 나서 하는 복습은 1차, 2차로 나눠진다. 1차 복습은 수업이 끝난 후 곧바로 인터넷강의 선생님처럼 그대로 강의를 따라 해보는 것이다. 집에 작은 칠판을 두고 거기에 적으며 설명하든가 인형을 앞에 놓고 또는 벽을 보고 가르치듯 설명해본다. 필기한 내용을 손으로 가리면서 직접 내용을 말해보거나 소리 내서 말할 수 없는 상황이라면 키워드를 적으면서 머릿속으로 흐름을 정리한다. 강의를 들은 지 한참 지나서 하려면 생각이 잘 안 나지만 듣고 바로 하는 것이기 때문에 크게 어렵지 않게 따라 할 수 있다. 설명이 안 되는 부분은 교과서를 찾아보거나 강의의 해당 부분을 다시 한 번 듣고 다른 책에서 내용을 찾아 보강하기도 한다. 그래도 모르겠다면 게시판에 질문을 남기거나 학교 선생님께 여쭤본다.

2차 복습은 다음 차시 강의를 듣기 전에 이전 강의 내용을 암기하는 것이다. 주말이나 자습할 시간이 있을 때 백지공부법으로 암기한 내용을 확인한다.

다음으로 강의를 듣는 중에 하는 복습은 강의를 중간중간 멈추면서 스스로 내용을 정리하고 암기하고 문제풀이까지 하는 것을 말한다. 수업 중간에 복습까지 하다 보니 시간은 좀 걸리지만 기초를 탄탄하게 다지면서 공부할 수 있다. 이때 확실히 아는 문제의 문제풀이는 보지 않는다. 선생님의 풀이법을 배우거나 어려운 문제를 푸는 시간을 단축하기 위해 빨리 푸는 팁을 얻고 싶을 때는 강의를 보며 심화 문제를 복습한다.

두 방식 모두 핵심은 그날 배운 것을 그날 복습하는 것이다. 복습 노하우를 전수해준 아이들은 3일 이내에 할 일을 안 하면 실행할 확률이 거의 없다는 명언도 남겼다. 아무래도 이미 공부 습관이 배어 있는 아이들이다 보니 그렇지 않은 아이들과는 복습하는 법이 다를 수도 있다.

대부분의 아이들은 복습이란 개념이 잘 없다. 학교 숙제, 학원 숙제에 급급해 복습은 시험 때나 겨우 하는 것으로 안다. 인터넷강의도 평소에 듣고 복습해야 하는데 시험을 앞두고 하루 종일 강의만 듣고 있는 경우도 의외로 많다.

시험이 임박했는데도 인터넷강의에 집착하는 이유는 공부한 것이 없어서 불안하고 초조한 마음 때문이다. 강의를 듣고 있으면 왠지 생산적인 공부를 하고 있다는 생각에 안심이 되는 것이다. 하지만 이는 그저 심리적인 위안일 뿐 강의를 보고 듣는 것만으로는 공부 효과가 없다. 강의를 듣는 그 순간에는 다 이해가 되고 머리에 쏙쏙 들어오는 것 같지만 내 것으로 체화하는 과정 없이는 공부를 했다고 볼 수 없다. 강의 내용을 내 것으로 만들기 위해서는 인터넷강의를 듣고 복습하는 시간을 정해둬야 한다. 공부는 강의를 듣는 시간이 아니라 시간을 투자해 복습하는 시간에만 이뤄진다는 사실을 유념하자.

무엇보다 복습을 잘하기 위해서는 강의를 들을 때 강의에만 집중

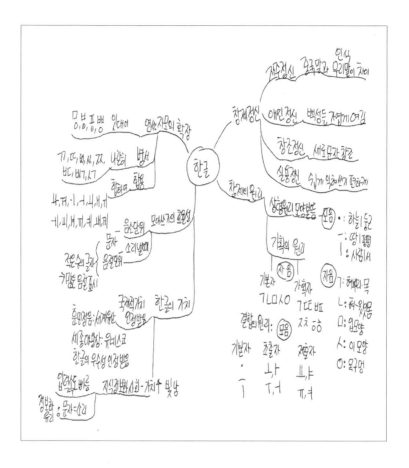

해야 한다. 학원에서 강의를 듣고 있는 것처럼 노트 정리도 하고 선생님의 질문에 대답도 하면서 능동적으로 수업에 임할 필요가 있다. 이해하기 어려운 부분은 '일시정지'나 '되감기'를 해가며 설명을 반복해서 듣는다. 그렇게 반복해서 본 곳이 복습할 때 내가 공부해야 할 부분이기 때문이다.

복습을 다 했다면 반드시 평가하는 단계가 있어야 한다. 백지 시험을 보는 방법도 많이 활용하는데 대부분은 백지 시험을 어려워한다. 복습한 것을 출력해낼 실마리가 없어서 그런지 많이 기억해내지 못한다. 그래서 사용하는 방법이 교과서의 차례나 키워드를 먼저 적게 하는 것이다. 그러면 웬만한 내용은 다 기억해낸다.

왼쪽 이미지는 '한글의 창제 원리'를 듣고 암기한 후에 복기한 것이다. 수업 들은 내용을 거의 다 기억해냈음을 확인할 수 있다.

암기하기

암기는 많은 아이들이 싫어하는 학습활동이다. 싫어하다 보니 못하고 못하다 보니 싫어하는 악순환이 반복된다. 이런 아이들에게는 사실은 암기 과목도 공부하는 방법이 따로 있는데 그걸 몰라서 못 외우는 것뿐이라고 말해준다.

보통 암기 전에는 훑어보기-질문하기-읽어보기의 3단계를 거친다. 먼저 공부할 내용을 전체적으로 훑어본 후(훑어보기)에 모르는 내용들을 체크하고(질문하기) 그 내용에 대한 답을 찾으면서 적극적으로 읽는 것이다(읽어보기). 이는 읽기 전략 중 하나인 SQ3R의 1~3단계에 해당한다. SQ3R_{Survey, Question, Read, Recite, Review}은 미국 상담심리학자 프랜시스 로빈슨_{Francis P. Robinson}이 고안한 읽기 기술을 향상시키는 학습법으로 각 단계는 다음과 같다.

• 훑어보기$_{Servey}$: 읽을 책이나 공부할 단원의 제목, 소제목, 도
표, 지도, 삽화, 그래프, 요약 내용 등을 재빨리 훑어본다. 이렇게 함
으로써 전체적인 내용의 구성이나 개관 등을 이해할 수 있다. 이때
앞에서 배운 마인드맵 그리기(172쪽)를 활용하면 더욱 효과가 좋다.

• 질문하기$_{Question}$: 훑어보기 단계에서 읽은 제목이나 소제목 등
으로 질문지를 만든다. 앞에서 살펴본 「프린들 주세요」의 문학 지도
그래픽 조직자를 예로 들면(102쪽) '닉이 펜을 프린들로 바꿀 수 있다
고 생각한 이유는?', '닉은 왜 새로운 낱말을 만들었을까?' 등의 의
문을 질문으로 만드는 식이다. 이렇게 질문지를 만들고 글의 내용을
예측해본다. 질문을 예상한 뒤 읽으면 그 질문의 답을 찾기 위해 적
극적이고 능동적으로, 흥미를 갖고 집중해 읽게 된다.

• 읽기$_{Read}$: 질문하기 단계에서 만든 질문에 대한 답을 찾는 과정
이다. 읽을 때는 앞에서 배운 밑줄 공부법(166쪽)을 활용한다. 답일
것 같은 부분에는 연필로 밑줄을 긋고 핵심 어구에는 3가지 색 펜으
로 밑줄을 긋는다. 이런 단계를 거치면 내용을 이해할 수 있기 때문
에 암기하는 것도 한결 수월해진다.

• 암기하기$_{Recite}$: 네 번째 단계가 바로 암기하기다. 읽으면서 질문

의 답을 찾았으면 그 내용을 자신만의 언어로 말해본다. 만일 그 내용을 되새기지 못한다면 제대로 습득하지 못한 것이다. 이럴 때는 다시 한 번 읽는 것이 학습에 도움이 된다.

물론 암기를 잘하는 데도 어느 정도 요령은 필요하다. 보통 손으로 쓰기만 하거나 입으로 중얼중얼 외기만 하는 것보다 이 둘을 병행할 때 더 잘 기억할 수 있다고 한다. 또 외워야 할 단어나 항목의 앞 글자만 따서 외우는 두문자 암기법도 많이 활용한다. 무조건 두문자를 외우기가 힘들 때는 이 글자들로 나만의 스토리텔링을 해보는 것도 도움이 된다. 시험 전날이라면 잠자기 직전 암기할 내용을 공부하는 것이 좋다. 그래야 기억력을 극대화할 수 있다고 한다.

하지만 암기를 잘하는 가장 좋은 방법은 뭐니 뭐니 해도 여러 번, 자주 반복하는 것이다. 위의 3단계를 활용해 내용을 구조화하고 이해하고 암기하면 효과적으로 기억할 수 있다.

• 복습하기Review: 암기한 내용을 반복적으로 암송하며 교과서의 순서대로 정리한다. 노트에 정리한 내용이나 교과서에 메모한 부분도 읽으면서 복습한다. 마지막으로 문제풀이를 통해 내가 내용을 충분히 숙지하고 있는지 반드시 테스트한다.

＊

공부는 결코 신비한 대상이 아니다. 잘 알려진 대로 공부를 잘하는 학생들의 머리가 특출 나게 좋은 것도 아니다. 다만 꾸준히 공부하는 환경과 습관을 만들고 성실하게 실천해왔을 뿐이다. "반복해서 하는 일이 모여 우리를 만든다. 그렇다면 탁월함은 업적이 아니라 습관"이라고 말한 아리스토텔레스의 말이 유의미한 까닭이다.

공부 비타민 ⑥
정리의 달인이 되는 법:
코넬식 노트 필기법

'코넬식 노트 필기법'이란 코넬대학교 교육학 교수인 월터 포크Walter Pauk가 1960년대에 고안한 노트 필기법이다. 코넬대학교 학생들의 학습 능률을 높이기 위해 개발했다고 하는데 기억력이나 사고력뿐 아니라 연습 기능을 활발하게 해 이해력 또한 좋아지게 한다고 알려져 있다.

코넬식 노트 필기법을 해보려면 우선 노트를 네 부분으로 나눈다. 학습목표칸(제목 영역), 단서칸(키워드 영역), 정리칸(필기 영역), 요약칸(요약 영역)이다. 이 칸을 포크 교수가 소개한 다음의 5RRecord, Reduce, Recite, Reflect, Review 단계에 따라 채워 넣는다.

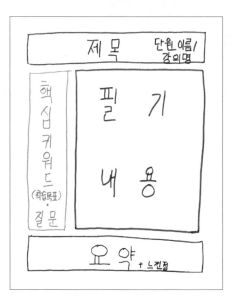

코넬식 노트 필기법 5R 단계

1. 기록하기Record: 수업 내용 중 중요한 내용만 정리해 필기 영역에 적기

2. 축소하기Reduce: 키워드로 정리해 키워드 영역에 적기

3. 암송하기Recite: 키워드 영역의 단서만 보고 내용을 떠올리

며 암기하기

4. 생각하기_{Reflect}: 이전에 배운 내용과 연결시켜 생각하기

5. 복습하기_{Review}: 필기한 부분을 최대한 빠르게 반복하고 복습하기

먼저 '제목 영역'에는 강의 제목과 날짜를 적는다. 예를 들어 국어 문법의 문장 성분 편을 듣는다면 '문법/문장 성분/2020. 01. 10' 이렇게 적는다.

'필기 영역'에는 선생님이 필기해준 내용과 설명을 최대한 자세히 적는다(기록하기). 중요한 내용은 다른 색으로 표기한다.

'키워드 영역'은 강의 후 복습할 때 쓰는 영역으로 필기 영역에 적은 내용 중 키워드만 간추려 기록한다(축소하기). 키워드를 통해 학습 범위와 내용이 자연스럽게 연상된다. 기록하면서 의문이 생기는 점이나 질문 또는 암기해야 할 것 등을 쓰고 암송한다(암송하기). 선생님의 설명뿐만 아니라 자신이 생각하는 것도 같이 적어둔다. 나중에 그것이 기억의 실마리가 되어 쉽게 기억해낼 수 있다. 이를테면 예시나 선생님의 농담처럼 수업 내용을 기억나게 해줄 만한 것들을 적는 것이다.

'요약 영역'에는 필기 영역과 키워드 영역을 보지 않고 내용을 정리한다(생각하기). 참고 용어나 중요 사건을 기록하고 필기한 것을 최대한 빠르게 반복해서 복습한다(복습하기). 요약 영역도 키워드 영역과 마찬가지로 복습할 때 적는 부분이다. 필기 영역의 내용을 2~3줄로 요약하거나 키워드만 몇 단어 쓰거나 이미지화해 정리한다.

코넬식 노트 필기법으로 정리를 하면 요약 영역과 키워드 영역만 봐도 장기 기억으로 저장할 수 있다는 장점이 있다. 시험 전날 벼락치기용으로 활용하기에도 훌륭하다.

2020. 01. 10 　　　　문법/ 문장 성분

① 문장성분	문장 성분　　　　서술어 ┌ 주성분　　　　┌ 한 자리 서술어 ├ 부속 성분　　　├ 두 자리 서술어 └ 독립 성분　　　└ 세 자리 서술어
② 서술어의 자릿수	한 자리 서술어 ⇒ 주어 하나만 필수적으로 요구함 두 자리 서술어 ⇒ 주어 이외에 목적어나 부사어, 또는 　　　　　　　　　　보어를 필수적으로 요구함 세 자리 서술어 ⇒ 주어, 목적어, 부사어의 세 가지 문장 　　　　　　　　　　성분을 필수적으로 요구함
③ 주성분	주어 : 문장에서 동작 또는 상태나 성질의 주체를 나타내는 문장 성분. 목적어 : 동작 대상 (을/를) 보어 : '되다/아니다' '누가/무엇이'
④ 부속 성분	관형어 : 체언 수식　　　서술어 : 어찌한다, 어떠하다, 무엇이어이/ 관형사 : 체언 + 조사　　 해당하는 문장 성분 부사어 : 용언, 부사어, 관형어, 문장 전체
⑤ 독립	독립어 : 감탄사, 체언 + 조사

문장성분 ┌ 주성분 ⇒ 주어, 목적어, 보어, 서술어
서술어의 자릿수 ┌ ①
　　　　　　　├ ② 부속성분 ⇒ 관형어, 관형사
　　　　　　　└ ③
　　　　　　　　독립 ⇒ 독립어

잘 쓰는 법: 논술 대비하기

논술 실력과 독서량은 어느 정도 비례한다. 보통 글은 자꾸 써봐야 는다고 하는데 일부는 맞지만 일부는 틀린 말이다. 글쓰기에 소질이 없어도 자꾸 쓰다 보면 늘기는 하지만 그보다 우선해야 할 일이 바로 좋은 글을 읽는 것이다. 실제로 논술을 잘하는 아이들을 보면 대부분이 많은 양의 책을 읽었다. 글을 잘 쓰기 위해서는 잘 쓴 글, 좋은 글에 자주 노출돼 익숙해져야 하는데 아무래도 책을 많이 읽은 아이들이 읽지 않은 아이들에 비해 좋은 글을 접할 기회가 많았기 때문이다. 그래서 무작정 쓰는 것보다 독서가 논술에 도움이 되는 것은 분명하다.

주의해야 할 점은 논술 실력과 독서량이 비례한다고 해서 무조건

'양'만 늘리는 독서를 하면 안 된다는 것이다. 책을 읽은 다음 머릿속에 남는 것이 있어야지, 그냥 글자만 읽어낸다면 독서하는 의미가 없다. 내용을 세세하게 다 기억하지는 못해도 전체적인 흐름이나 핵심 내용, 인상적인 구절 등은 기억해낼 수 있어야 한다. 그래야 논술을 하는 데 꼭 필요한 '생각의 깊이'를 더할 수 있다.

사실 글쓰기 실력과 논술 실력이 꼭 비례하지는 않는다. 다시 말해 글을 잘 써야만 논술을 잘할 수 있는 건 아니라는 뜻이다. '논술論述'의 사전적 정의를 보면 '어떤 것에 관하여 의견을 논리적으로 서술함'이라고 돼 있다. 다시 말해 논술은 일반적인 글쓰기라기보다는 쓰려고 하는 주제에 관한 생각을 일목요연하게 논리적으로 풀어내는 것이라고 볼 수 있다.

책을 의미 있게 읽으면서 글쓰기에 자신감도 붙이는 방법 중 하나는 '필사', 즉 베껴 쓰기다. 글 좀 쓴다 하는 많은 작가들이 습작 기간 동안 좋은 글을 따라 쓰는 시간을 보냈다고 말한다. 글을 읽다가 마음을 울리는 문장이나 단락이 나오면 그 부분만이라도 베껴 쓰기를 해보자. 그러면 글의 전개 과정을 파악하고 문장을 구사하는 힘이 생긴다. 이렇게 좋은 문장을 모방하며 자신의 글쓰기에 적용하다 보면 어느 단계가 지났을 때 자신만의 글로 변한다.

다음으로 그래픽 조직자나 마인드맵과 같은 도구를 이용하는 방법이 있다. 이런 도구를 활용하는 이유는 정보를 내 것으로 만드는 데 2차원적 공간 형태를 사용하는 것이 효율적이기 때문이다. 또 마인드맵을 하기 위해서는 '맥락적 사고'를 할 필요가 있다. 즉, 글을 읽을 때 앞뒤 문맥을 고려해 행간에 숨은 의미나 모르는 어휘 등을 유추하며 읽는 것이다. 이렇게 주어진 텍스트를 적극적으로 읽으면 사고력과 이해력도 높아진다. 내용을 이해해야 글로 재구성하기가 더 수월한 것은 당연한 일이다.

스티브 잡스의 졸업 축사를 활용해 쓰기 실력 키우기

아이들의 쓰기 실력을 향상시키기 위해 수업에서 활용하는 글 중 하나가 스티브 잡스의 졸업 축사다. 애플사의 창업주인 스티브 잡스는 프레젠테이션을 잘하는 것으로도 유명한데 그가 2005년 스탠퍼드대학교 졸업식에서 낭독한 연설문은 특히 명문으로 손꼽힌다. 아이들과 연설문을 읽은 다음 그래픽 조직자에 따라 뼈대를 잡고 마인드맵을 그려보게 한다. 마지막으로 연설문에 대한 각자의 감상문을 쓰게 한다. 다음은 스티브 잡스의 연설문 전문이다. 조금 길지만 좋은 글일 뿐 아니라 아이들에게 동기 부여를 해주고 학습 의지도 심어줄 수 있는 내용이라 전문을 싣는다.

오늘 세계 최고의 명문으로 꼽히는 여기서 여러분의 졸업식에 참석하게 된 것을 영광으로 생각합니다. 저는 대학교를 졸업하지 못했습니다. 사실 대학교 졸업식을 이렇게 가까이서 본 적도 없죠. 오늘 여러분께 제가 살아오면서 겪었던 3가지 이야기를 하려고 합니다. 대단치 않습니다. 그냥 3가지 이야기입니다.

첫 번째는 전환점에 대한 겁니다. 저는 리드대학교를 입학한 지 6개월 만에 자퇴했고 그 후 18개월 동안 도강을 하다가 정말 그만뒀습니다. 왜 그랬을까요?

이야기는 제가 태어나기 전으로 거슬러 올라갑니다. 저를 낳아준 어머니는 나이 어린 대학원생으로 미혼모였고, 저를 입양 보내기로 했답니다. 어머니는 그래도 제 양부모가 될 사람이 대학 정도는 졸업해야 한다고 생각했기 때문에 저는 태어나자마자 변호사 가정에 입양되기로 돼 있었죠.

그런데 막상 제가 태어나자 그 변호사 부부는 여자애를 원한다고 했답니다. 이런 까닭에 입양 대기 부모 리스트에 있던 지금의 제 부모님은 한밤중에 "남자아이가 하나 남는데 데려가시겠어요?"라고 물어보는 전화를 받게 되셨죠. 그분들은 "물론입니다"라고 했답니다.

저를 낳아준 어머니는 나중에야 제 어머니가 대학교를 못 나왔고 아버지는 고등학교도 졸업하지 못했다는 사실을 알았습니다. 입양 허가서에 사인을 못하겠다고 버티던 어머니는 몇 달 후 제 양부모가 저를 대학에 꼭 보내주겠다고 약속한 뒤에야 물러나셨답니다. 그리고 17년 후 저는 대학에 갔습니다.

순진하게도 저는 스탠퍼드대만큼이나 학비가 비싼 학교를 골랐고 노동자였던 제 부모님이 저축하신 돈이 전부 학비로 나가게 됐습니다. 6개월이 지났지만 대학 생활이 그 정도의 가치가 있는지 잘 모르겠더군요. 저는 제가 인생에서 뭘 원하는지도 몰랐고 대학 생활이 그걸 찾는 데 어떤 도움이 될지도 몰랐습니다. 게다가 부모님이 일생 동안 모아둔 돈을 모조리 쓰고 있었죠. 그래서 뭐 어떻게든 되겠지 하고 믿으면서 학교를 그만두기로 했습니다.

당시엔 꽤나 겁나는 일이었지만 돌이켜보면 그건 제가 내린 최고의 결정 중 하나였습니다. 자퇴를 한 순간부터 저는 재미없는 필수과목 강의는 듣지 않았고 재밌어 보이는 강의에만 들어갈 수 있었습니다.

물론 그렇게 낭만적인 일만은 아니었습니다. 기숙사 방이 없어 친구 집 바닥에서 자기도 했고 빈 콜라병을 모아 1병에 5센트씩 받고 팔아서 음식을 사기도 했고 매주 일요일 밤엔 제대로 된 저녁 한 끼를 먹으려고 7마일을 걸어 하레 크리슈나 사원까지 가기도 했습니다. 이런 일들도 무척 좋았습니다. 호기와 직감만 믿고 저지른 일들이 나중엔 값을 매길 수 없을 만큼 소중한 것이 됐으니까요.

예를 들어볼까요. 리드대학교는 아마도 당시 이 나라 최고의 폰트(서체) 교육을 했던 것 같습니다. 캠퍼스 전체의 포스터, 서랍마다 붙어 있는 이름표가 정말 아름다웠습니다. 학교를 자퇴했기 때문에 다른 과목을 수강할 필요도 없고 해서 저는 서체 강의를 듣기로 했습니다. 저는 세리프와 산세리프체, 다른 여러 글자체들을 조합하면서 여백의 다양함을, 무엇이 훌륭한 타이포그래피를 만드는지 등을 배웠습니다. 과학적 방식으로는 따라 할 수 없는, 아름답고 역사적이고 예술적으로 미묘한 일이었고 매력적인 일이었습니다.

사실 이것들이 제 인생에 실질적인 도움을 줄 거라는 기대는 안 했습니다. 그러나 10년 후 제가 첫 번째 맥 컴퓨터를 만들 때 이 경험이 도움이 됐습니다. 우리는 이 서체들을 맥에 고스란히 반영했습니다. 맥은 아름다운 글자체를 가진 첫 컴퓨터였습니다.

제가 만약 대학에서 그 과목을 듣지 않았다면 맥은 다양한 글자체나 자동 자간 맞춤 기능을 갖지 못했을 겁니다. 또 맥을 따라 한 윈도우도 그런 게 없었을 테고, 결국 모든 개인 컴퓨터가 그런 기능을 갖지 못했을 겁니다. 제가 만약 학교를 그만두지 않았다면 전 그 글자체 수업을 듣지도 않았을 거고 개인 컴퓨터는 아마도 지금같이 훌륭한 서체들을 갖진 못했겠죠.

물론 제가 대학에 있을 때는 그게 이런 전환점이 되리란 걸 몰랐지만 10년이 지나니까 명확하게 보이더군요. 다시 말하지만 여러분도 지금 이 순간이 어떤 전환점이 될지 알 수 없습니다. 과거를 봐야 알 수 있는 거죠.

여러분은 현재 이 순간이 미래의 언젠가를 위한 전환점이라는 것을 믿어야 합니다. 뭔가를 믿어야 합니다. 배짱, 운명, 인생, 카르마, 뭐가 됐든 말입니다. 이런 관점은 저를 실망시킨 적이 없습니다. 그리고 이것이 제 인생을 다르게 만들었습니다.

두 번째 이야기는 사랑과 상실에 관한 겁니다. 저는 운 좋게도 제가 좋아하는 일이 뭔지 일찍 찾았습니다. 우즈와 저는 스무 살

때 집 차고에서 애플을 시작했죠. 우린 열심히 일했고 차고에서 단둘이 시작한 애플은 10년 만에 400명 이상의 사원을 둔 20억 불짜리 회사로 성장했습니다. 그리고 우리 최고의 발명품인 매킨토시가 출시된 지 1년 후, 제 나이 서른에 전 해고됐습니다. 어떻게 자기가 세운 회사에서 자기가 해고당할 수 있을까요?

애플이 성장하면서 우리는 경영 능력이 탁월하다고 생각되는 사람을 고용했고 첫해는 그런대로 잘돼갔습니다. 그러나 곧 미래에 대한 비전에서 의견이 엇갈리기 시작했고 결국 우리 사이도 어긋났습니다. 경영진들은 그 사람 편을 들었죠. 그래서 나이 서른에 전 해고됐습니다. 굉장히 공공연하게요.

저는 제 성인기를 통틀어 중심이 됐던 일을 잃었고 정말 비참했습니다. 몇 달 동안 뭘 해야 할지 전혀 모르겠더군요. 이전 주자에게 전달받은 바통을 떨어뜨린 계주선수처럼 모험적 사업가 업계의 선배들을 실망시켰다는 기분이었습니다. 데이비드 패커드David Packard와 로버트 노이스Robert Noyce를 만나 이렇게 일을 망친 걸 사과하려 했습니다. 저는 공공의 실패작이었고 실리콘밸리를 떠나 도망칠 생각까지 했었죠.

그러나 천천히 제 맘에서 뭔가가 일어나기 시작했습니다. 저는 여전히 제가 했던 일을 사랑했습니다. 애플에서 일어난 일도 그 마음을 조금도 바꿔놓지 못했습니다. 저는 차였지만 여전히 사랑하고 있었죠. 그래서 다시 시작하기로 했습니다. 그때는 몰랐지만 애플에서 해고당한 건 저한테 생길 수 있었던 일들 중 최고로 좋은 일이었습니다. 성공의 무게 대신 모든 것이 불확실한 초심자의 가벼움을 다시 느끼게 됐습니다. 제가 인생에서 최고로 창의적이 되는 데 걸림돌이 없어진 거죠.

그 후 5년 동안 저는 넥스트NeXT와 픽사Pixar를 시작했고 제 아내가 된 멋진 여성 로렌과 사랑에 빠졌습니다. 픽사는 세계 최초의 컴퓨터 애니메이션 영화인 〈토이 스토리〉를 제작했고 지금은 세계 최고의 애니메이션 스튜디오가 됐습니다.

애플이 넥스트를 인수하는 엄청난 사건이 일어난 이후 저는 애플로 돌아갔고 넥스트에서 개발한 기술은 최근 애플 르네상스의 핵심이 됐습니다. 그리고 로렌과 저는 행복한 가족으로 살고 있죠.

만일 제가 애플에서 해고되지 않았다면 이런 일들이 일어나지 않았을 거라고 생각합니다. 입에 몹시 쓴 약이었지만 그게 필요한 사람도 있구나 하고 생각하죠. 때로 인생이 당신의 뒤통수를 벽돌로 칠 때가 있습니다. 신념을 잃지 마세요. 제가 이 일을 계속할 수 있게 한 것은 바로 제가 이 일을 사랑한다는 사실이었다고 믿습니다.

여러분이 사랑하는 것이 무엇인지 찾아야 합니다. 일도 사랑과 마찬가지입니다. 일은 여러분의 인생에서 큰 부분을 차지하게 될 거고 여기에 진정으로 만족하게 되는 유일한 길은 그 일이 굉장하다고 믿는 것입니다. 그리고 자신이 위대한 일을 하고 있다고 자부하려면 그 일을 사랑해야 합니다. 아직 그런 것을 찾지 못했다면 계속 찾아보세요. 안주하지 마세요. 진심으로 노력한다면 찾는 순간 스스로 알게 될 겁니다. 그리고 그것은 좋은 연인 관계처럼 시간이 지나면서 점점 더 좋아질 겁니다. 그러니 찾을 때까지 안주하지 말고 노력하세요.

세 번째 이야기는 죽음에 관한 겁니다. 열일곱 살 때 "만일 매일매일 마지막 날처럼 산다면 언젠가는 옳게 될 것이다"라는 짧은 시구를 읽었습니다. 굉장히 인상적이었고 33년이 지난 지금도 그렇습니다. 저는 매일 아침 거울을 보며 스스로에게 묻습니다. "만일 오늘이 내 인생의 마지막 날이라면 내가 오늘 하려던 일을 정말 할까?" 질문의 대답이 "아니오"로 나오는 날들이 줄줄이 이어질 때면 뭔가 변화가 필요하다는 걸 알게 됩니다. '곧 죽을지도 모른다'는 사실을 기억하는 것은 제 인생에 중요한 변화가 필요할 때마다 가장 큰 도움이 됐습니다. 왜냐하면 죽음을 직면할 때 외부의 기대, 자만심, 실패하거나 창피를 당할지 모른다는 두려움, 이 모든 것들이 사라지고 정말 중요한 것들만 남기 때문입니다. 뭔가를 잃을지도 모른다는 생각 탓에 실수하지 않는 가장 좋은 방법은 '곧 죽는다'는 사실을 기억하는 겁니다. 인생은 어차피 공수래공수거입니다. 마음가는 대로 하지 않을 이유가 없습니다.

한 1년쯤 전에 저는 암 선고를 받았습니다. 아침 7시 반에 검사를 받았는데 췌장에 종양이 선명하더군요. 저는 췌장이 뭔지도 몰랐는데 말입니다. 의사는 치료할 수 없는 종류의 암이 거의 확실하다면서 길어야 3~6개월이라고 했습니다. 주치의는 집에 가서 신변 정리를 하라고 말해줬는데 그건 죽음을 준비하라는 뜻이었죠. 아이들에게 앞으로 10년 동안 해줘야 할 일들을 몇 달 안에 다 끝내야 한다는 뜻입니다. 임종할 때 가족들이 힘들어하지 않도록 모든 것을 정리해야 한다는 뜻입니다. 그리고 작별 인사를 하라는 뜻이죠.

네, 저는 불치병을 선고받았습니다. 그날 저녁 목구멍과 위장을 지나 장까지 내시경을 넣고 바늘로 암세포를 채취해 조직검사를 받았습니다. 저는 마취 상태였지만 나중에 그 자리에 있던 아내가 말해주길 현미경으로 세포를 분석해보니 수술로 치료가 가능한 아주 희귀한 췌장암이라며 의사들도 울먹였다고 합니다. 저는 수술을 받고 지금은 완치됐습니다. 이것이 제가 가장 가까이서 죽음에 직면했던 때였고 앞으로 몇 십 년 동안 다시는 겪고 싶지 않습니다.

직접 겪어보니 머리로만 알고 있을 때보다 죽음이 유용하다는 사실을 확실하게 말씀드릴 수 있을 것 같습니다. 아무도 죽고 싶어하진 않습니다. 천국에 가고 싶어 하는 사람들도 그러기 위해서 죽고 싶어 하지는 않죠. 그럼에도 불구하고 죽음은 우리 모두의 숙명입니다. 아무도 도망칠 수 없어요. 그리고 그래야만 합니다. 왜냐하면 죽음은 인생 최고의 발명품이기 때문입니다. 사람들의 삶을 교체합니다. 헌것을 새것으로 바꿔놓죠.

지금 이 순간은 여러분이 새로운 사람입니다. 그렇지만 머지않아 여러분들도 늙어갈 테고 곧 사라질 겁니다. 너무 극단적인가요? 하지만 사실입니다. 여러분의 시간은 한정돼 있습니다. 낭비하지 말고 본인의 삶을 사세요. 도그마에 사로잡히지 마세요. 그건 그냥 다른 사람들 생각일 뿐입니다. 남들이 하는 소리를 듣느라 내면의 소리를 저버리지 마세요. 가장 중요한 것은 내면의 소리와 영감을 따르도록 용기를 갖는 겁니다. 여러분의 마음과 영감은 사실 스스로가 무엇을 원하는지 이미 알고 있습니다. 다른 사람들이 하는 말은 솔직히 별로 중요하지 않죠.

제가 어렸을 때 《지구백과The Whole Earth Catalog》라는 굉장한 책이 있었는데 제 세대에는 거의 필독서였습니다. 여기 민로 파크에서 멀지 않은 곳에 사시던 스튜어트 브랜드Stewart Brand 라는 분이 만들었어요. 그분은 책에 생명을 불어넣었습니다. 1960년대 후반은 PC와 컴퓨터 인쇄가 나오기 전이라 이 책은 타자기와 가위 그리고 폴라로이드 사진기로 만들어졌습니다. 35년 전 구글이 생기기 이전에 나온 인쇄판 구글이라고 할 수 있죠. 이 책은 의지와 아주 간단한 도구만으로 만들어진 역작이었습니다.

브랜드와 그의 팀은 몇 번의 개정판을 내놨고 수명이 다할 때쯤 최종판을 출간했습니다. 1970년대 중반, 제가 여러분 나이만 할 때였죠. 최종판의 맨 뒷장에는 사진이 있었는데 이른 아침의 시골길—모험심이 큰 사람이라면 히치하이킹을 하고 싶어지는 그런 길—의 사진이 있었습니다. 사진 밑에는 이렇게 쓰여 있었어요.

"갈구하라, 몰두하라Stay Hungry, Stay Foolish."

그들이 쓴 작별 인사였습니다.

저는 항상 그 인사대로 살려고 노력해왔습니다. 그리고 여러분이 졸업을 하고 새 출발을 하는 지금 그렇게 살기를 바랍니다.

감사합니다.

　이어지는 내용은 이 연설문을 읽고 중학교 2학년 현진이가 직접 그래픽 조직자와 마인드맵 활동을 해본 것이다.

　• 그래픽 조직자 만들기: 현진이는 잡스의 졸업 축사를 세 부분으로 구조화했다. 서두를 '새 출발을 하는 여러분에게'로 나누고 중간 부분은 '인생에 관한 3가지 이야기'로 큰 제목을 잡았다. 그 아래 '전환점', '사랑과 상실', '죽음' 이렇게 3개의 본론을 나눴다. 끝부분에는 당부하는 말, 'stay hungry, stay foolish'를 넣었다.

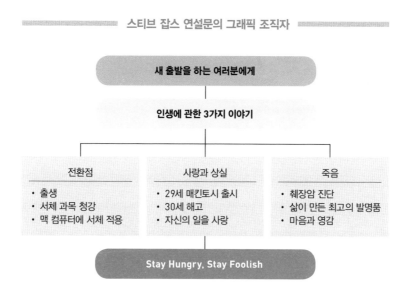

스티브 잡스 연설문의 그래픽 조직자

• 마인드맵 만들기: 현진이는 스티브 잡스의 졸업 축사 그래픽 조직자 결과에 잡스의 일대기를 그린 책『스티브 잡스 이야기』를 읽은 내용을 더해 마인드맵을 했다. 먼저 마인드맵의 주가지는 3개로 분류했다. 첫 번째는 '잡스의 이야기'로 잡스의 생애와 사회적 업적을 언급했다. 두 번째는 '사회적 업적과 인간적 위대함 사이의 간극'을 설명하고 세 번째는 '내 생각'으로 분류해 사회적 업적은 뛰어난 사람이나 그에 비해 인간적인 면모는 아쉬움이 크다고 했으며 위인이란 도덕적인 것까지 갖추는 사람이라는 의견을 밝혔다.

스티브 잡스에 대한 마인드맵

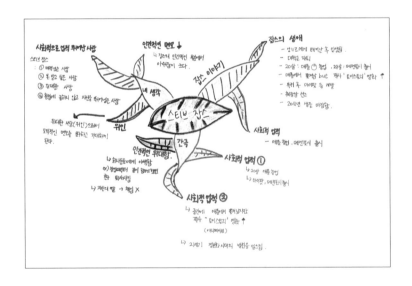

230

신문 칼럼 이용하기

　쓰기 실력을 향상시키기 위해 신문 칼럼을 활용하는 것도 추천할 만하다. MBC 관찰 예능 〈나 혼자 산다〉에 출연한 개그우먼 장도연은 5~6년째 신문을 구독하고 있다고 밝힌 바 있다. 예전에 다른 개그맨 선배가 '신문을 매일 보고 일기를 매일 쓰고 책을 일주일에 1권 정도 읽으면 인생이 달라질 것'이라는 이야기를 해줬기 때문이라고 한다.

　사실 요즘 같은 디지털 시대에 종이신문을 구독하는 집은 드물다. 기자들 역시 조회 수만 노린 헤드라인이나 가짜 뉴스를 써 많은 비난을 받고 있기도 하다. 하지만 칼럼의 경우 각 분야의 전문가나 학자가 쓴 글이 많아 글의 밀도가 높고 일상생활의 모든 것이 소재가 될 수 있어 다양한 주제의 글을 접할 수 있다. 이는 상식을 쌓는 데 도움이 될 뿐 아니라 내 글감을 풍부하게 만들어주기도 한다.

　보통 칼럼은 일반적인 사회현상을 진단하고 해법을 안내하는 구조로 돼 있다. 객관적이고 논리적인 언어로 쓰여 있기 때문에 사고력을 증진시킬 수 있는 최상의 읽기 자료다. 아이를 위해 신문을 한 종 정도 구독해보거나 여의치 않다면 온라인에서 기사를 검색해 프린트해서 활용하는 방법도 있다.

　칼럼 활용법은 총 7단계로 구분할 수 있다.

　　1단계　칼럼을 고르고 훑어본다.

2단계 적극적으로 읽는다.

3단계 단락별 소주제문을 쓰고 마인드맵을 한다.

4단계 베껴 쓰기를 한다.

5단계 마인드맵만 보고 글을 써본다.

6단계 원문과 대조하며 고쳐 쓰기를 한다.

7단계 칼럼 제목에 따라 나만의 글을 쓴다.

먼저 1단계인 칼럼을 고르고 훑어보는 과정에서는 글을 보는 안목을 기를 수 있다. 이어 2단계로 적극적으로 읽으면서 독해력을 함양한다. 단락별 소주제문을 찾고 마인드맵을 하는 3단계에서는 글의 전체와 부분의 관계를 파악할 수 있다. 4단계 베껴 쓰기 과정에서는 어휘력을 풍부하게 할 수 있고 글에 대한 감각도 향상시킬 수 있다. 5단계로 내가 그린 마인드맵만 보고 칼럼 원문을 떠올리며 다시 써보면 구성력과 논리 전개 능력을 키우는 데 큰 도움이 된다. 다음으로 원문과 대조하며 고쳐 쓰기를 하는 6단계에서는 글을 분석하는 능력이 길러진다. 마지막 7단계로 칼럼 제목만 남기고 나만의 글쓰기를 해본다. 이때 주제와 관련된 자료를 더 검색해보거나 비슷한 주제를 다룬 책을 읽어보는 것도 좋다. 그렇게 하면 창조적 쓰기까지 가능해진다.

〈단락별 소주제 〉

[1] 우리가 살아가는 매일매일의 일상, 어쩌면 처음이 기적이다.

[2] 수도권에서 일상생활을 하며 코로나 19 감염자를 만날 확률은 0.002%, 즉 5만명에 1이라.

[3] 우리나라에서 코로나 19로 사망한 사람이 어제 100명 이하이니 인구 5천만에 비하면 0.002%도 되지 않는다.

[4] 이제 우리도 우리 방역 시스템을 믿고 조심스레 이 기적을 일상으로 돌아가자.

내 생각 : 코로나 19 확진자가 늘어날수록 더 걱정이 될테도 계속 커진다. 위생만 잘 챙겨 입고 나서 내용 밖에 탈게 아니라 일상이 기적이니 밖에 빨리 더 소중한 일상에 돌아가는 생각이 필요하다. 또, 하루하루 살아가는 일상의 소중함도 또 한번 깨닫게 된다.

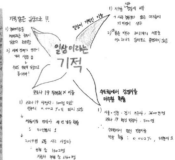

〈 일상이라는 기적〉 - 초록 -

[1] 일상은 차라리 기적이다. 저를 삶에 버금간다는 사실 분명한다 하지 않은 대상에게 ㅋㅋ맞춘다. 비효과적이라 말한다. 내 꿈을 이루는 서두른 3초의 중 어느 하루도 어쩌 제대로된 밥 한끼 챙겨먹으며 하루 중 시작을 했던거다. 매일 이틀 입맛 굳고 없이 일상은 식사를 하면 제대를 꾸려진 일을 앉아가는 일상이다. 다음 번 기적이다.

[2] 일본의 의학작가 마쓰모토 시게노리 '10만명의 1의 우연'이라는 예문이 있다. 10만원에 1이라는 확률은 거의 승과능이 가당치는 못으로 불린 제품이다. 우리나라 오늘 생각보면 서울 • 인천 • 경기 지역에는 2600만명이 살고 있고 자건인이 오늘 15천명 판명을 받은 사람은 그거 600명 남짓이다. 그러나 수도권에서 일상생활을 하며 감염자를 만날 확률은 0.002% 즉 5만명에 1이다. 불가능한 것의 거의 두배이다.

〈4단계 : 베껴쓰기 〉

[3] 우리나라에서 코로나 19로 사망한 사람이 어제 100명 이하이니 인구 5천만에 비하면 0.002% 도 되지 않는다. 5천명당 1의 생명들을 연달아 시 선명 분을 확률이다. 2021년 2월 시간 사망자는 하루 최 49명이었다. 보전 손위 1302명, 고인 김철자를 타고 거다, 1160명의 1 사망이다. 이봉지의 꿈꾼 지키고 어찌 김미래에 내가 맡아야 한다.

[4] 어제 빨리 이 생활 분비나 철외의 건강을 전세대로 신뢰 저조물과 소설문이든 초관이 버려지라나 아니라 기분으로 갖다다 자랜비에 철학적 방면에 붙임없이 좀 견디어 끌린아서 하다. 최근 다시 이세연지 시임이 나와이다. 주택게임을 기다리는 세계 경계의 빗나리 한다는 즐겁 세계 경계의 빗나가 다시 시름을 걸고 있다. 이게 위도도 우리 방역 시스템을 믿고 감염보이 이 기적 같은 일상으로 돌아가 좀도 지세월이 멀지 않이 꼭 나리바라. 조성아리.

〈 일상이라는 기적〉 〈5단계 : 마인드맵 보고 〉
- 김예진 칼럼쓰기

[1] 일상은 차라리 기적이다. 그 이유는 3가지를 들 수있다. 저를 사라 경험에 비교해 볼까 경기가 편안에 자세 심오고는 ㅋㅋ건명이 인사가 사라 경험에 오고 잊드게 한다. 두 번째는 밥 내들을 이유는 소개일의 서두 중 어느하루도 로 밤을 길으게 수있는 이상한 세정을 반면이 갖있지를 김미와 매력만 세번째로 매일 공부하여 서울리아 성찰할 수 있게 맥같게이 우리가 차곡차곡 살아가는 일상은 기적이다.

[2] 대한민국 서울 • 인천 • 경기 지역에는 2600만 명, 그 중 코로나 19 확진 판명자는 고작 500명이다. 이것은 마천명인 나타내면 수도권에서 현재 판명자를 만날 확률은 0.002%, 즉 5만명에 1이라. 하지만 2019년 한 교통 사고 인명. 사망자 수는 3263 명이다. 어떻게 번역 수도권에 어찌 번질자 최대 않은 사람이니 웃은모로 여기며 안도감 섞인다.

[3] 좋기세로 경계심을 놓으므로 일상으로 돌아간 듯이다. 세계 경기의 빗나이 다시 향발할 시름을 건 만가 예상이다. 우리도 무너진 으로다 근심긴 일상, 기쁨 평범한 일상게 경건히, 건강하게 돌아가리라.

참
고
문
헌

단행본

강성태, 『강성태 66일 공부법』, 다산에듀, 2019

고영성·신영준, 『완벽한 공부법』, 로크미디어, 2017

김강일·김명옥, 『최상위권 1%의 비밀 추론력』, 예담, 2010

김대식, 『공부혁명』, 에듀조선, 2003

김도윤, 『1등은 당신처럼 공부하지 않았다』, 쌤앤파커스, 2018

김송은, 『공부 잘하고 싶으면 혼자서 공부해라』, 한스미디어, 2005

김유강, 『상위 1% 만드는 초·중·고 통합공부법』, 랜덤하우스코리아, 2007

김영미, 『초등 읽기능력이 평생성적을 좌우한다』, 글담출판, 2008

김인호, 『공완 중학 국어 비문학 독해력』, 북아이콘, 2018

김지룡, 『전교 1등 하는 법』, 김&정, 2008

김지석, 『대박타점 공부법』, 경향에듀, 2012

낸시 앳웰, 『하루 30분 혼자 읽기의 힘』, 최지현 옮김, 북라인, 2009

리사 손, 『메타인지 학습법』, 21세기북스, 2019

마이크 베이어, 『베스트 셀프』, 강주헌 옮김, 안드로메디안, 2019

민정암, 『1등하는 아이들의 공부비결』, 아울북, 2004

박인연, 『혼자 공부하지 못하는 아이들』, 제8요일, 2019

박형원, 『내가 만드는 스스로 공부법』, 북카라반, 2011

송인섭, 『내 아이가 스스로 공부한다』, 21세기북스, 2010

쉬셴장, 『하버드 첫 강의 시간관리 수업』, 하정희 옮김, 리드리드출판, 2018

신성일, 『중학생 교과서 공부법』, 행복한미래, 2012

오수성, 『시험의 왕도』, 파라북스, 2005

와다 히데키, 『기적의 노트 공부법』, 정윤아 옮김, 파라북스, 2006

우쓰데 마사미, 『0초 공부법』, 강다영 옮김, 매일경제신문사, 2017

원동연, 『5차원 독서법과 학문의 9단계』, 김영사, 2003

유미현, 『공부의 황금맥을 잡아라』, 중앙생활사, 2007

유태성·이은혜·김민선, 『기적의 6개월』, ㈜교원, 2014

이용·이은주, 『독서논술에 날개를 다는 요약하기 전략 12』, 즐거운상상, 2010

이지은, 『중학교에서 완성하는 자기주도 학습법』, 팜파스, 2010

이지은, 『노트 한 권으로 대학 가기』, 뜨인돌, 2007

전진호, 『나를 변화시키는 절대 공부법』, 미네르바, 2012

정영미, 『학원 끊고 성적이 올랐어요』, 메디치미디어, 2011

조창섭 외, 『학교 공부 바로 하기』, 황금가지, 2004

존메디나, 『브레인 룰스』, 프런티어, 2009

진동섭, 『입시설계, 초등부터 시작하라』, 포르체, 2020

최승필, 『공부머리 독서법』, 책구루, 2018

최진규, 『교과서로 배우는 통합논술』, 엘림에듀, 2007

츠보타 노부타가, 『세상에 하나뿐인 공부법』, 해외교육사업단, 2018

피터 드러커, 『경영의 실제』, 이재규 옮김, 한국경제신문, 2006

한석원·최인호·한석만·김찬휘, 『티치미 공부법』, 랜덤하우스코리아, 2005

한재우, 『혼자 하는 공부의 정석』, 위즈덤하우스, 2019

헨리에트 앤 클라우저, 『종이 위의 기적, 쓰면 이루어진다』, 안기순 옮김, 한언출
　　판사, 2016

후지에라 가즈히로, 『책을 읽는 사람만이 손에 넣는 것』, 고정아 옮김, 비즈니스
　　북스, 2016

EBS 공부연구팀, 『EBS 공부특강』, 비아북, 2016

EBS 〈학교란 무엇인가〉 제작팀, 『학교란 무엇인가』, 중앙books, 2011

교과서

『중학교 과학 ②』, 천재교육

『중학교 국어 1-1』, 비상교육

『중학교 국어 1-2』, 비상교육

『중학교 기술·가정 ②』, 비상교육

『중학교 사회 ①』, 비상교육

『중학교 사회 ②』, 미래엔

『중학교 역사 ①』, 비상교육

논문

김미경, 「학습자 활동 중심의 소설지도 방안 연구」, 이화여대자대학교, 2001, pp.48~49

김승한, 「마인드 맵과 신문 자료를 이용한 사고력 학습: 초등학교 5학년 국어과를 중심으로」, 대한사고개발학회, 1996. 10, pp.109~124

김향숙·조인희, 「초등학교 학생들의 다양한 '읽기' 활동을 통한 자기주도 학습 능력 배양 영향에 관한 연구」, 『한국엔터테인먼트산업학회 학술대회 논문집』, 한국엔터테인먼트산업학회, 2013. 11, pp.51~58

박미연, 「국어과에서의 마인드맵 활용」, 중등우리교육, 2000, pp.187~191

신하식·안병길·배대권, 「메타인지적 기억전략과 단어시험을 통한 영어어휘학습」, 『현대영미어문학』 34(1), 현대어문학회, 2016. 2, pp.121~149

양명희·이경아, 「자기조절학습과 학업성취도의 관련성: 변화추이 및 인과적 방향성 검토」, 『교육과학연구』 43(2), 이화여자대학교 교육과학연구소, 2012. 6, pp.175~195

양애경·조호제, 「자기주도적 학습과 학업성취도간의 관계」, 『교육실천연구』 8(3), 한국교육실천연구학회(한국교육포럼), 2009. 10, pp.61~82

육인경, 「학습읽기 전략을 반영한 내용교과 교과서 구성 연구: 사회 교과서, 과학 교과서를 중심으로」, 한국교원대학교, 2018

이수란·손영우, 「무엇이 뛰어난 학업성취를 예측하는가?: 신중하게 계획된 연습과 투지(Grit)」, 『한국심리학회지: 학교』 10(3), 한국심리학회, 2013. 12,

pp.349~366

이신동·이경화, 「초인지 독해전략의 상보적 교수활동이 중학생 학습부진아의 독
　해력과 독해전이에 미치는 영향」, 『교육심리연구』16(4), 한국교육심리학
　회, 2002. 12, pp.397~422

이희승, 「학습을 위한 시험: 시험의 전방효과와 후방효과」, 『교육심리연구』31(4),
　한국교육심리학회, 2017. 12, pp.819~845

진순희, 「마인드맵을 통한 논설문지도」, 중앙대학교, 1999

정효준·이제영, 「자기관리 역량 기반 초등영어 쓰기 교수·학습 모형에 대한 초등
　교사의 요구와 인식」, 『영어영문학』22(3), 미래영어영문학회, 2017. 8,
　pp.237~259

하효림·이희승, 「개념 및 범주 학습에서 시험이 메타인지적 판단과 학습시간 및
　학습 수행에 미치는 영향」, 『교육심리연구』33(2), 한국교육심리학회,
　2019. 6, pp.125~152

허소현·김광수, 「수정계획이 포함된 자기조절학습 초인지 촉진전략이 학습에
미치는 효과」, 『사고개발』7(2), 대한사고개발학회, 2011. 12, pp.99~116

기타

〈공부의 왕도〉, EBSi, 2009~2013

〈시사기획 창-전교 1등은 알고 있는 공부에 대한 공부〉, KBS, 2014. 7. 8

김효정, [스페셜 리포트] 우리 아이가 글을 못 읽어요!, 《주간조선》2557호, 2019.
　5. 13, https://weekly.chosun.com/client/news/print.asp?ctcd=C
　02&nNewsNumb=002557100015

김현미, 돌봄교실은 교육이 아니라는 학교에, 〈한겨레〉, 2020. 11. 23, http://
www.hani.co.kr/arti/opinion/column/971045.html#csidx5c10a8
1edba00ecb8f7f1adae1e5cbc

스티브 잡스 연설문 번역본 https://blog.naver.com/angelcares/222082531
161

25년 차 강남 입시 지도 강사가 알려주는 상위 1%의 비밀

극강의 공부 PT

1판 1쇄 인쇄 2020년 12월 8일
1판 1쇄 발행 2020년 12월 18일

지은이 진순희
펴낸이 고병욱

책임편집 이미현 **기획편집** 이새봄
마케팅 이일권 한동우 김윤성 김재욱 이애주 오정민
디자인 공희 진미나 백은주 **외서기획** 이슬
제작 김기창 **관리** 주동은 조재언 **총무** 문준기 노재경 송민진

교정교열 강설빔

펴낸곳 청림출판(주)
등록 제1989-000026호

본사 06048 서울시 강남구 도산대로 38길 11 청림출판(주) (논현동 63)
제2사옥 10881 경기도 파주시 회동길 173 청림아트스페이스 (문발동 518-6)
전화 02-546-4341 **팩스** 02-546-8053
홈페이지 www.chungrim.com **이메일** life@chungrim.com
블로그 blog.naver.com/chungrimlife **페이스북** www.facebook.com/chungrimlife

ⓒ 진순희, 2020

ISBN 979-11-88700-74-5 (13370)